道路工程识图与绘图习题集

DAOLU GONGCHENG SHITU YU HUITU XITIJI

赵云华◎主　编

杨广云◎副主编

人民交通出版社股份有限公司
China Communications Press Co., Ltd.

内 容 提 要

本习题集与《道路工程识图与绘图》相配套,主要内容包括:绘制道路工程中的平面图形,认知道路工程制图标准,绘制简单形体的三面投影图,分析形体上点、线、面的三面投影图,绘制与识读基本体的投影图,绘制与识读道路工程中常见组合体投影图,绘制与识读道路工程构件构造图,识读道路路线工程图,识读桥梁工程图,识读涵洞工程图,识读隧道工程图。

在编写过程中重点突出读图能力的培养。在这些习题中都插入了配套立体图,可在做题时反复分析立体与投影图之间的关系,在做题的过程中潜移默化地提高空间思维能力。本习题集增加了阅读道路路线、桥梁、涵洞、隧道工程图等所占比重,采用最新的工程图例,并配有配套的立体示意图,帮助学生读图。习题形式灵活、生动、有趣。

本习题可作为高职高专道桥类专业的教材,也可供相关技术人员参考使用。

图书在版编目(CIP)数据

道路工程识图与绘图习题集 / 赵云华主编. —北京:
人民交通出版社股份有限公司,2016.7
ISBN 978-7-114-11494-6

Ⅰ. ①道… Ⅱ. ①赵… Ⅲ. ①道路工程—工程制图—
高等职业教育—习题集 Ⅳ. ①U412.5-44

中国版本图书馆 CIP 数据核字(2014)第 198189 号

书　　名:	道路工程识图与绘图习题集
著 作 者:	赵云华
责任编辑:	崔　建
出版发行:	人民交通出版社股份有限公司
地　　址:	(100011)北京市朝阳区安定门外外馆斜街3号
网　　址:	http://www.ccpress.com.cn
销售电话:	(010)59757973
总 经 销:	人民交通出版社股份有限公司发行部
经　　销:	各地新华书店
印　　刷:	北京鑫正大印刷有限公司
开　　本:	787×1092　1/16
印　　张:	11.75
字　　数:	150千
版　　次:	2016年7月　第1版
印　　次:	2020年1月　第2次印刷
书　　号:	ISBN 978-7-114-11494-6
定　　价:	19.00元

(有印刷、装订质量问题的图书由本公司负责调换)

前　　言

本习题集的结构、项目层次与《道路工程识图与绘图》教材相配套。

本习题集内容有以下特点：①所有习题均配有相配套的立体图，学生可以对照立体图分析投影图与空间形体之间的关系，在做题的过程中潜移默化地提高空间思维能力；②将点、线、面投影部分的习题设计为分析道路桥梁形体上点、线、面的投影，并配有立体图，更有助于读图能力的形成；③剖面图、断面图部分的习题增加了更多的工程实例，更突出了道路工程中规定画法及习惯画法的学习；④识读道路路线、桥梁、涵洞、隧道工程图等部分的习题更贴近工程实际，并配置有配套的立体示意图，帮助学生读图。本习题集与主教材有同样的特色。

习题由易到难，由浅入深，便于学生对知识点的掌握。选题过程注重实用，注重联系实际。

作者对使用本习题集的师生有以下几点建议：①本习题集的习题数量较多，难度由浅入深，应根据学生的具体情况选择相应的习题供学生练习；②道路工程图识读（道路路线工程图识读、桥梁工程图识读、涵洞工程图识读、隧道工程图识读）部分是与工程联系最紧密的部分，而且是学生没接触过的工程实际，所以我们用了较大的篇幅插入了各种方位的立体图，希望同学在学习的过程中能对照立体图仔细阅读工程图；③习题集中标注"*"的习题为选做题，各学校可以根据实际情况选择。

本习题集编写情况如下：项目一、二、五由山西交通职业技术学院尹晓叶编写；项目三由山西交通职业技术学院杨广云编写；项目四由山西交通职业技术学院刘璇编写；项目六、七、八、九、十、十一由山西交通职业技术学院赵云华编写。由于编者水平有限，编写时间仓促，书中缺点、错误在所难免。恳请使用本书的师生及有关人员批评指正。

编　者

2015 年 12 月

目　　录

项目一　绘制道路工程中的平面图形 …………………………………………………………… 1

项目二　认知道路工程制图标准 ………………………………………………………………… 3

项目三　绘制简单形体的三面投影图 …………………………………………………………… 5

项目四　分析形体上点、线、面的三面投影图 ………………………………………………… 14

项目五　绘制与识读基本体的投影图 …………………………………………………………… 21

项目六　绘制与识读道路工程中常见组合体投影图 …………………………………………… 26

项目七　绘制与识读道路工程构件构造图 ……………………………………………………… 37

项目八　识读道路路线工程图 …………………………………………………………………… 46

项目九　识读桥梁工程图 ………………………………………………………………………… 50

项目十　识读涵洞工程图 ………………………………………………………………………… 68

项目十一　识读隧道工程图 ……………………………………………………………………… 80

参考文献 …………………………………………………………………………………………… 90

项目一 绘制道路工程中的平面图形

1-1 抄绘图示隧道超前支护纵断面图(图中尺寸单位为mm)。

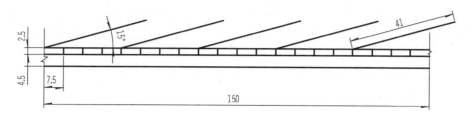

1-2 抄绘图示涵洞端墙的立面图(图中尺寸单位为mm)。

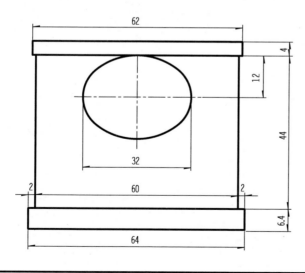

1-3 在指定位置抄绘所给出的图样(图中尺寸单位为mm)。

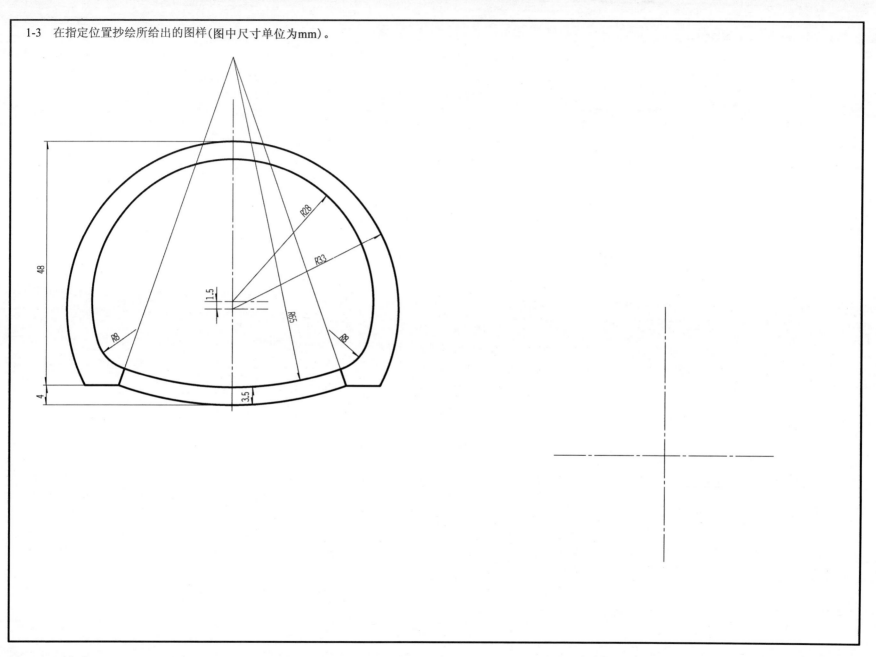

项目二　认知道路工程制图标准

2-1　工程字练习。

道路工程识图与绘图桥梁隧道涵洞桥墩桥台盖梁

桥面铺装栏杆基础翼墙缘石截水墙圆管拱圈衬砌

2-2 选择合适的比例在指定位置抄绘桥墩立面图，并标注尺寸。

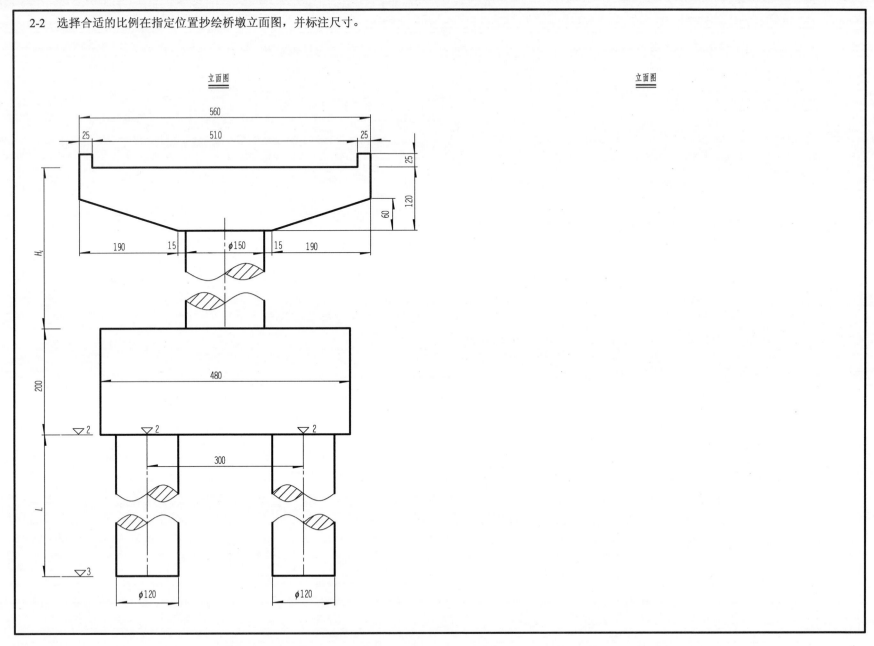

项目三 绘制简单形体的三面投影图

3-1 (一)将正确的V面投影的图号填入各立体图的括号内。

3-1 (二)将正确的W面投影的图号填入各立体图的括号内。

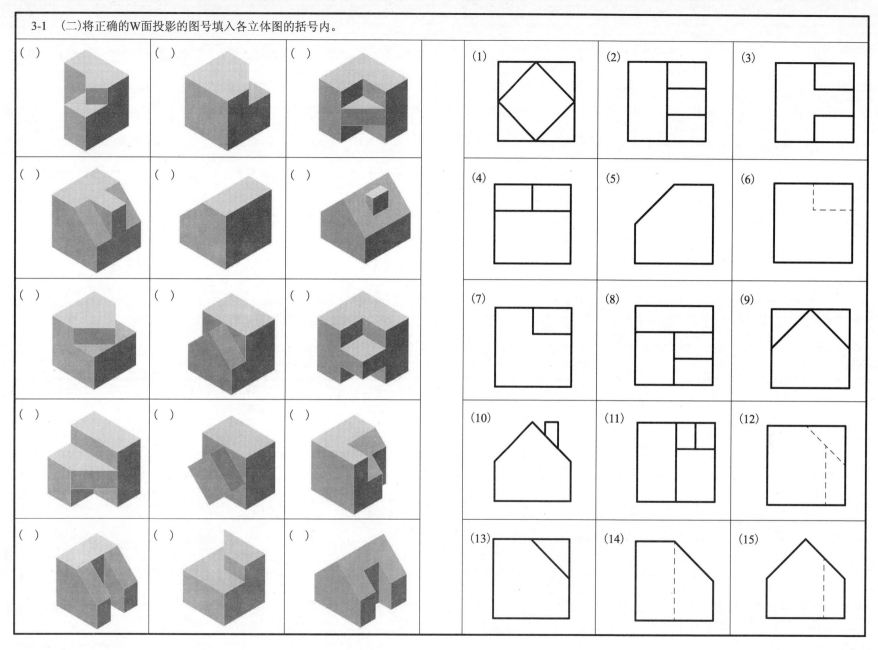

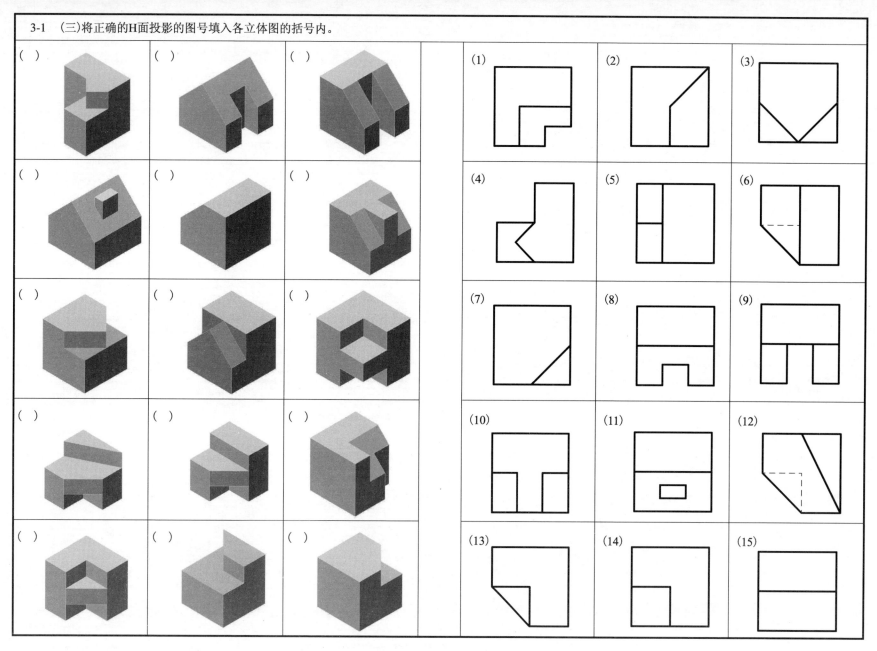

3-2 (一)将正确的V面投影的图号填入各立体图的括号内。

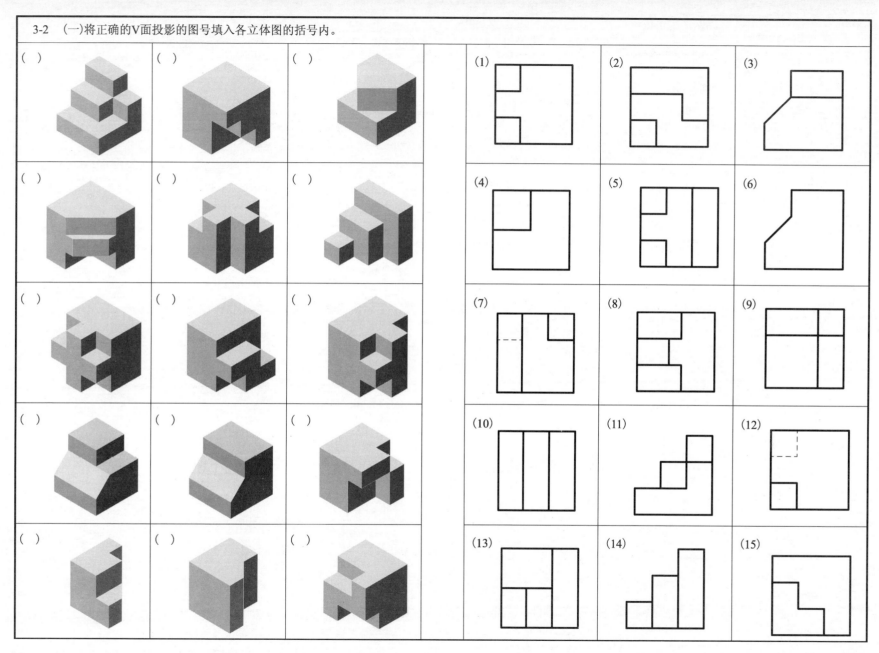

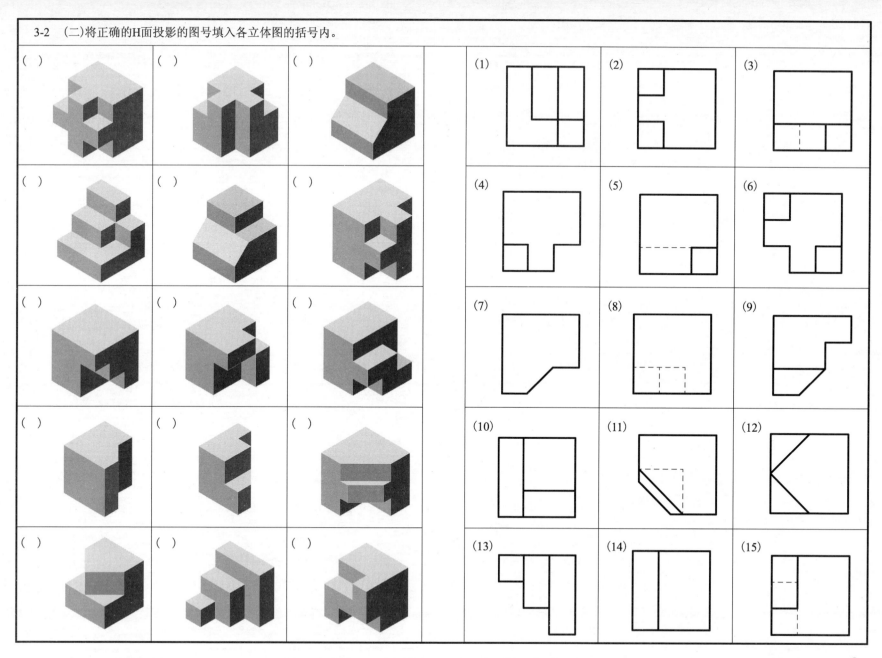

3-2 (三)将正确的W面投影的图号填入各立体图的括号内。

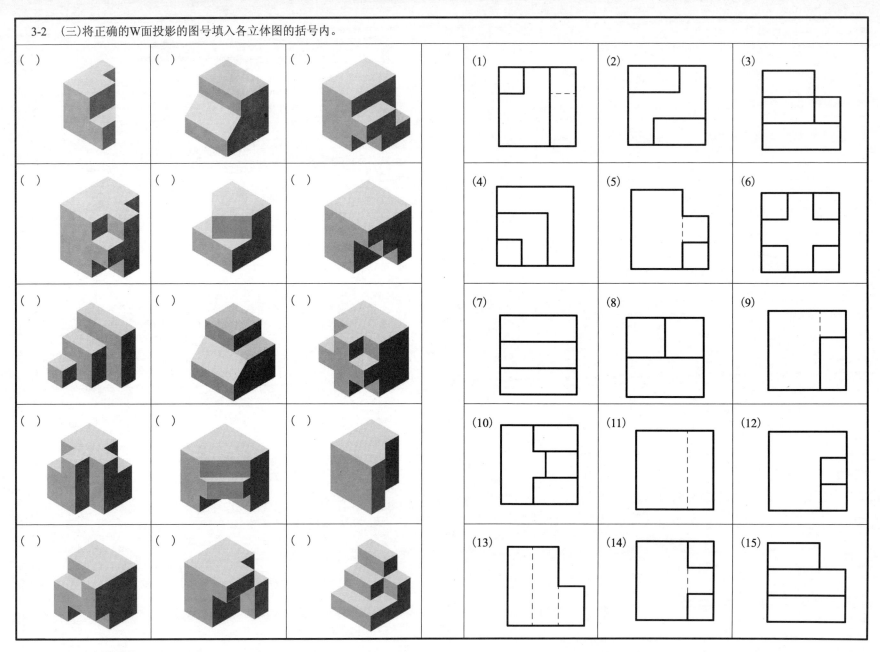

3-3 已知形体的立体图，画出形体的三面投影图（尺寸从立体图上沿投影轴方向量取）。

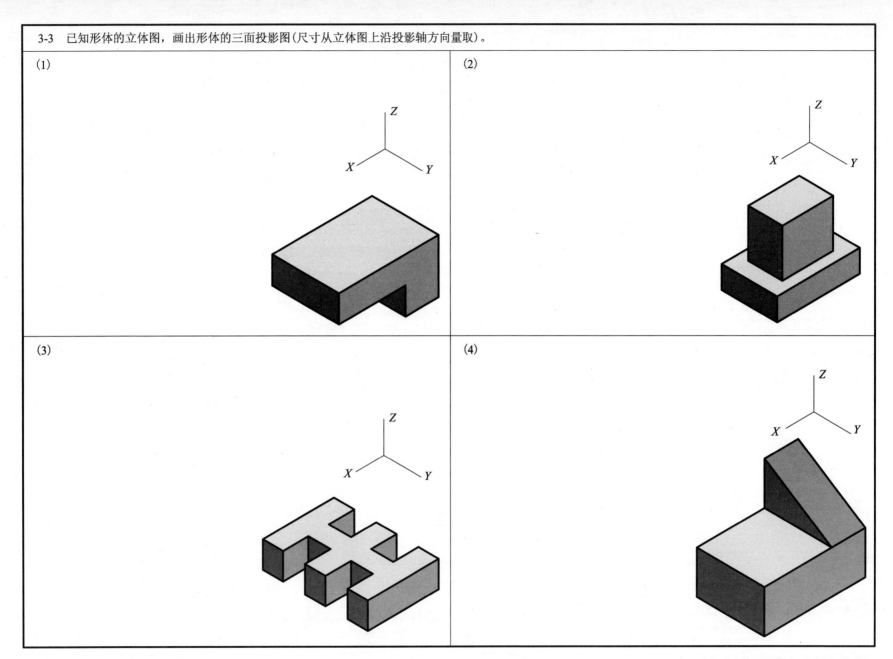

3-4 由立体图画出形体的三面投影图(尺寸在立体图上量取)。

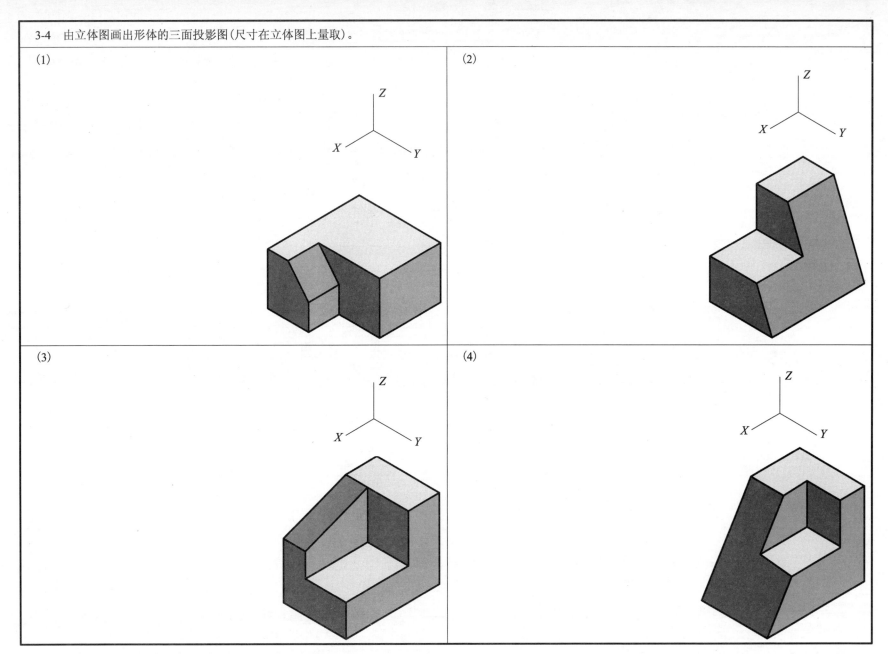

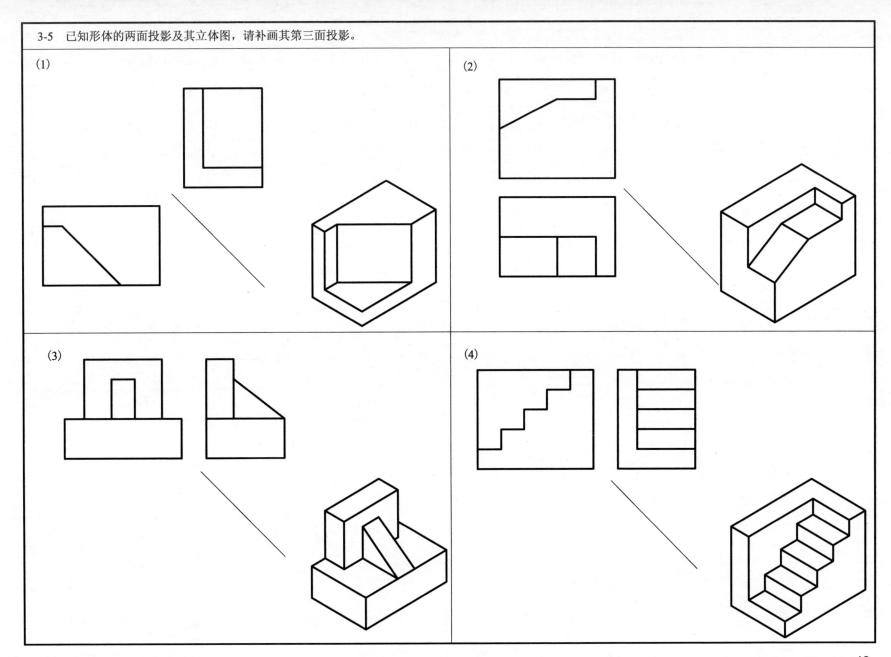

项目四 分析形体上点、线、面的三面投影图

4-1 由立体图画A、B两点的三面投影图(尺寸在立体图上量取)。

4-2 已知A、B两点的三面投影,判断A、B两点的位置。A在B点之( )、之( )、之( )。并在立体图上注出空间点及其投影的位置。

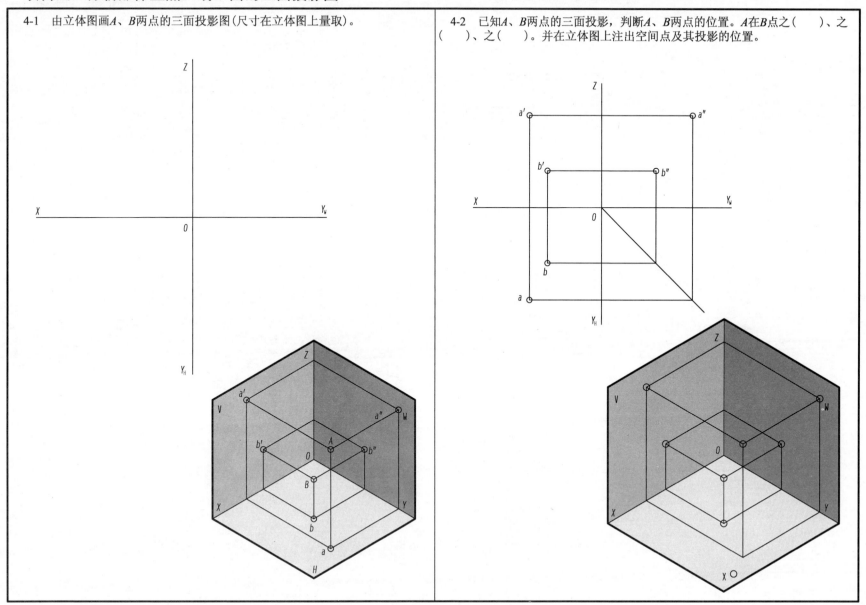

14

4-3 图为桥台翼墙的立体示意图和其三面投影图。请参照立体图，在三面投影图中找出棱线CD、EF、GH的三面投影（用粗实线或中虚线描出并标注符号），并指出它们各为何种位置的直线。

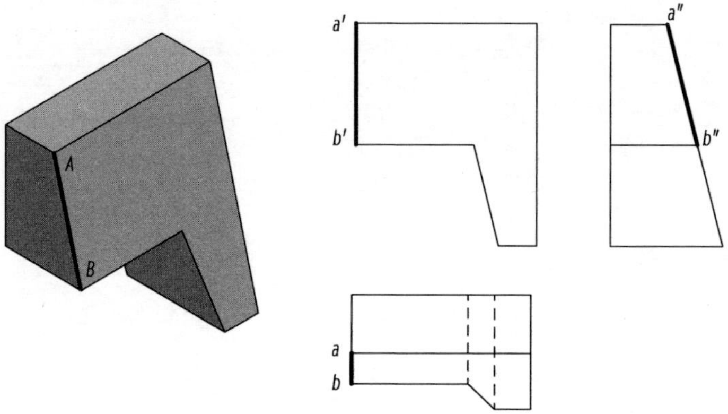

AB 侧平线

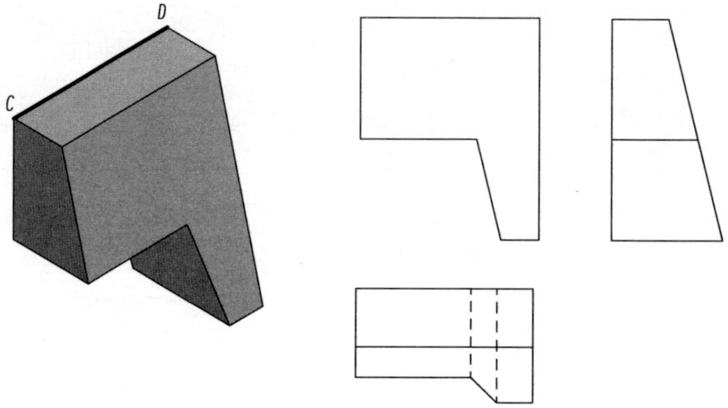

CD _____线

EF _____线

GH _____线

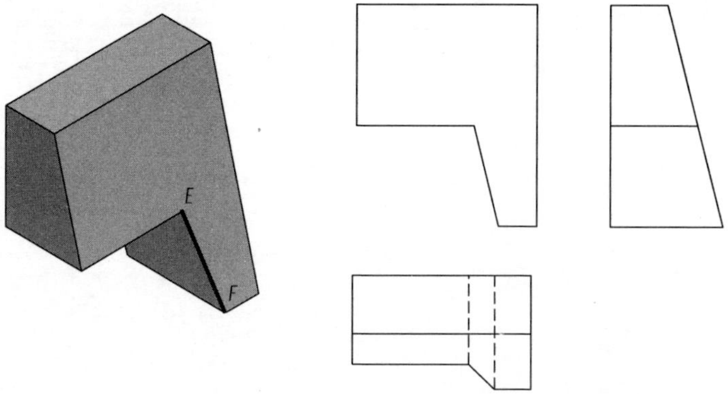

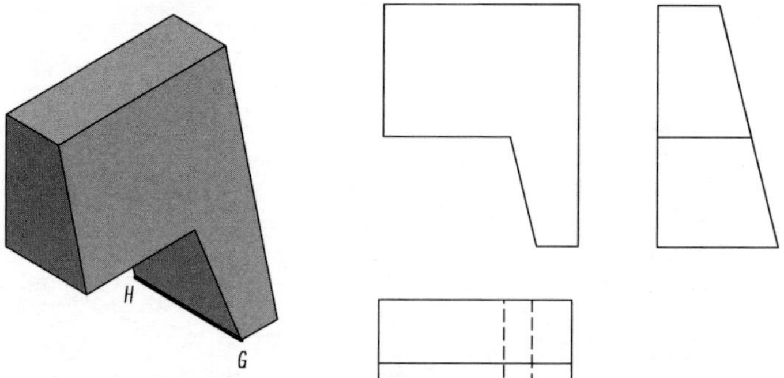

4-4 已知桥台翼墙的三面投影及桥台翼墙上直线的两面投影，请画出直线的第三面投影，并在立体图中指出其位置（用粗实线或中虚线描出并标注符号），指出它们各为何种位置的直线。

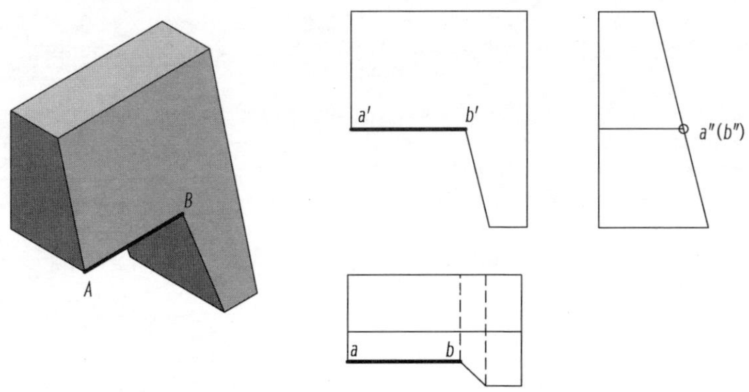

侧垂线

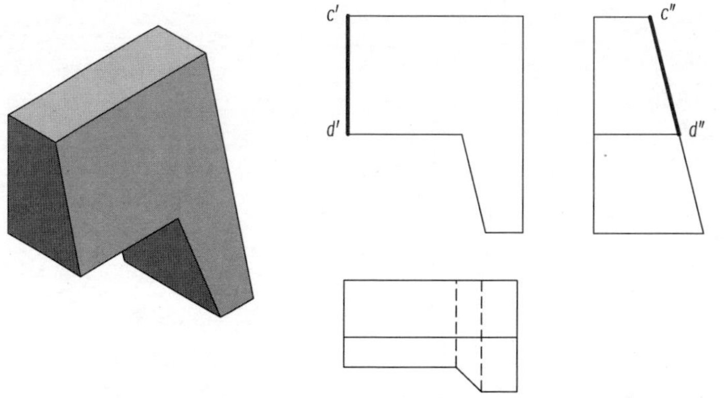

_____线

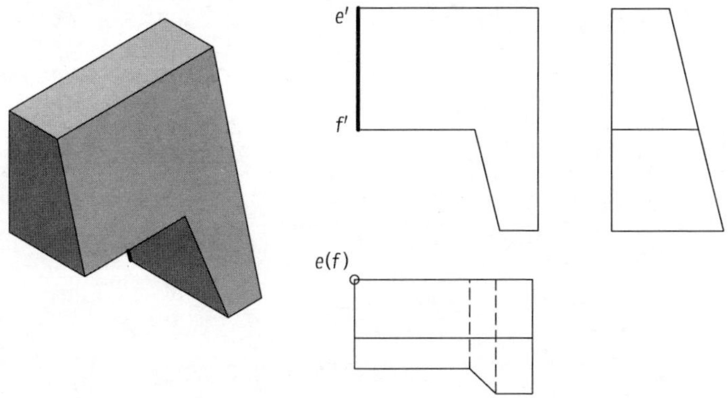

_____线

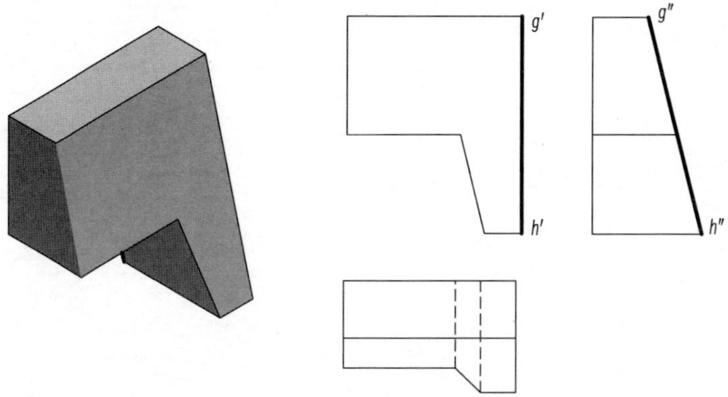

_____线

4-5 图为形体（涵洞八字墙）的立体示意图和其三面投影图。请参照其立体图，在三面投影图中找出平面 Q、R 及 S 的三面投影（用粗实线或中虚线描深），并指出它们各为何种位置的平面。

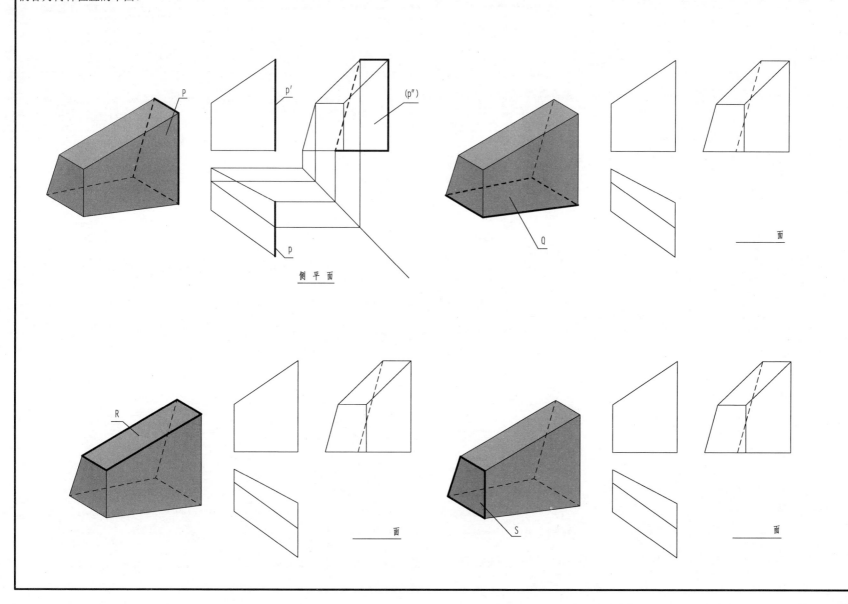

4-6 已知形体(涵洞八字墙)的三面投影及形体表面的两面投影,请画出该表面的第三面投影(用粗实线或中虚线描出并标注符号),并在立体图中指出其位置(用粗实线或中虚线描出并标注符号),指出它们各为何种位置的平面。

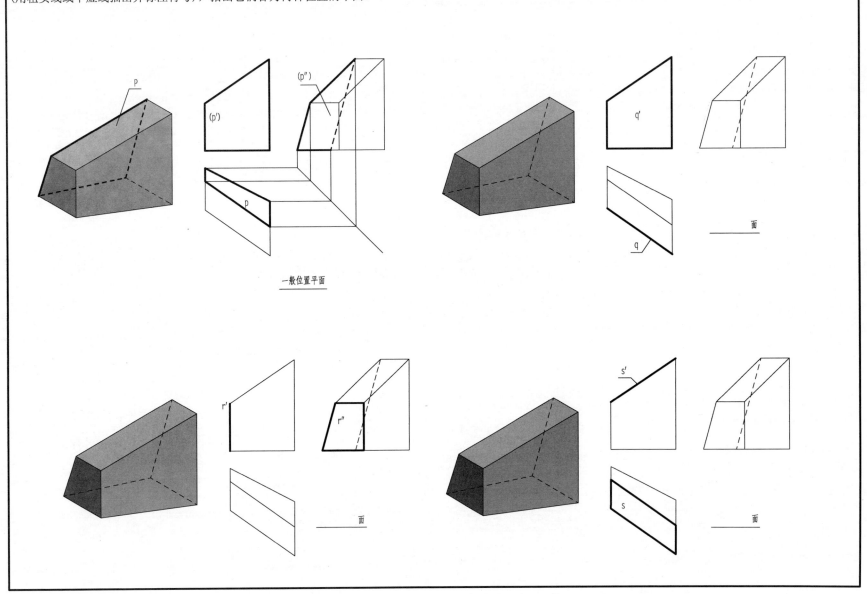

4-7 图为桥台翼墙的立体示意图和其三面投影图。请参照其立体图，在三面投影图中找出平面Q、R及S的三面投影（用粗实线或虚线描深），并指出它们各为何种位置的平面。

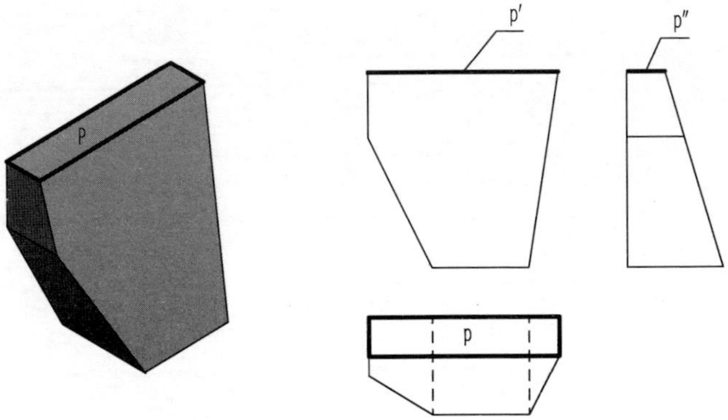

水 平 面

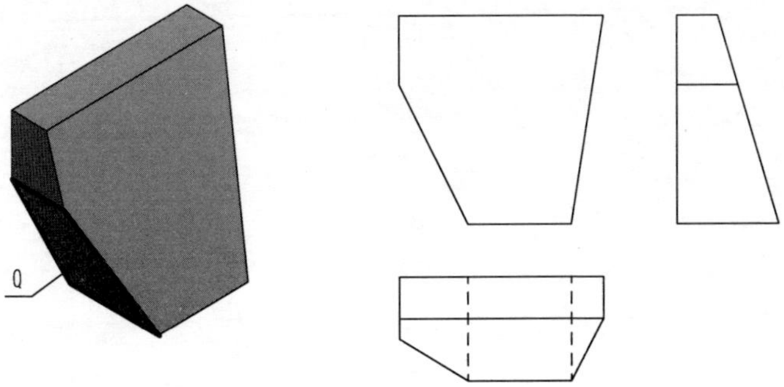

_____面

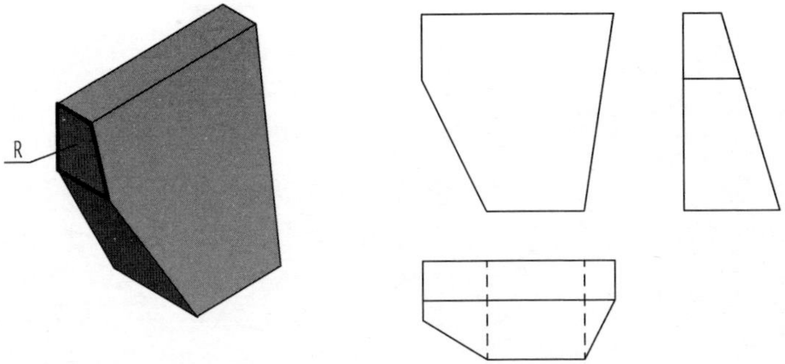

_____面

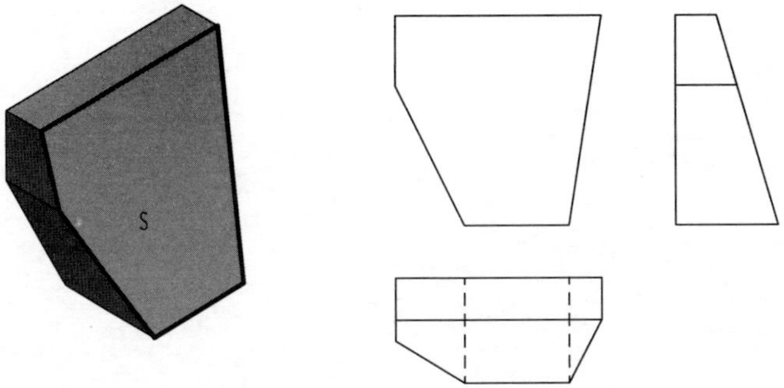

_____面

4-8 已知形体(1/2桥台台身)的三面投影及形体表面的两面投影，请画出该表面的第三面投影(用粗实线或中虚线描出并标注符号)，并在立体图中指出其位置(用粗实线或中虚线描出并标注符号)，指出它们各为何种位置的平面。

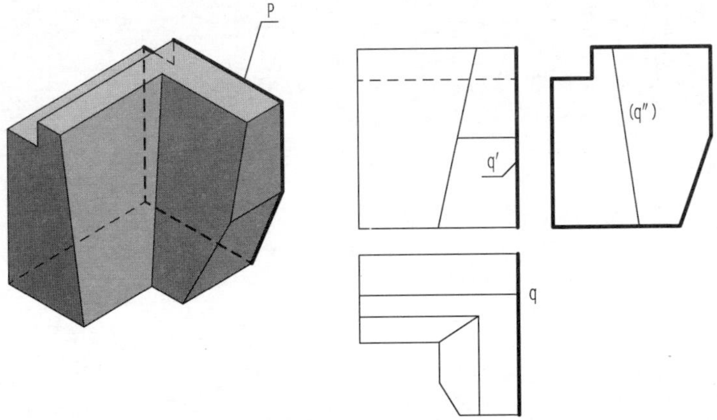

侧平面

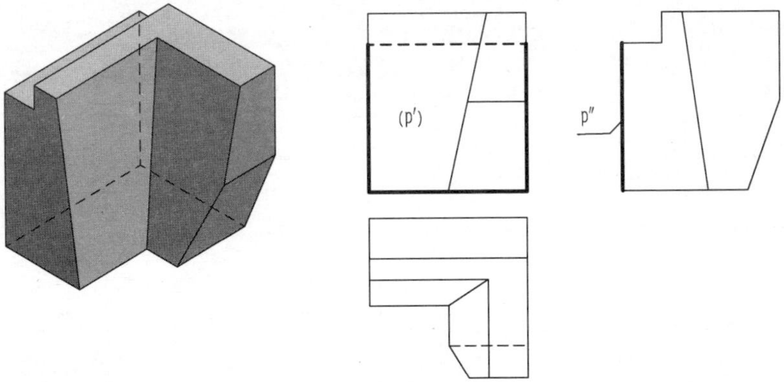

_____ 面

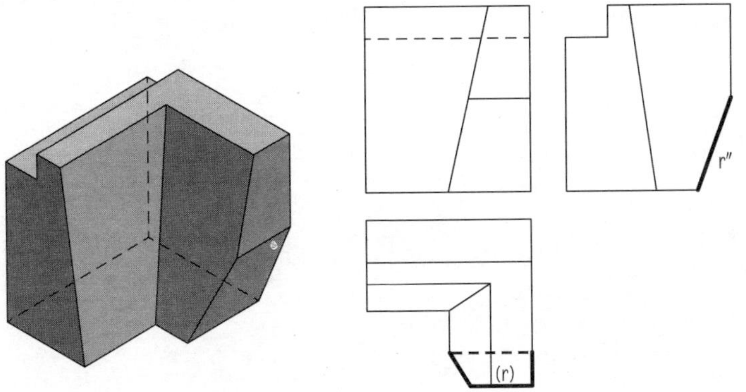

_____ 面

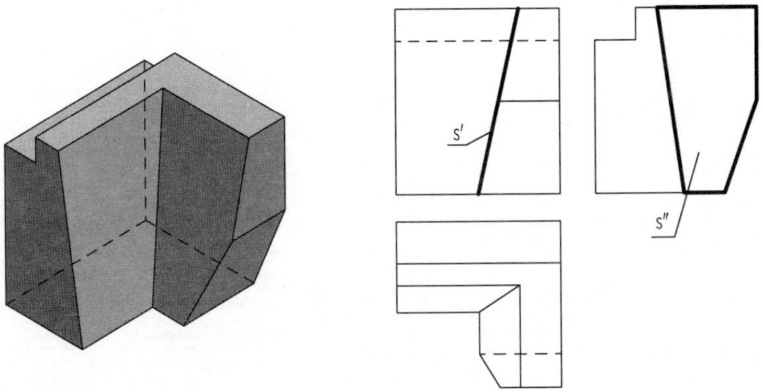

_____ 面

项目五　绘制与识读基本体的投影图

5-1　根据立体图绘制棱柱体的三面投影图。

(1)

(2)

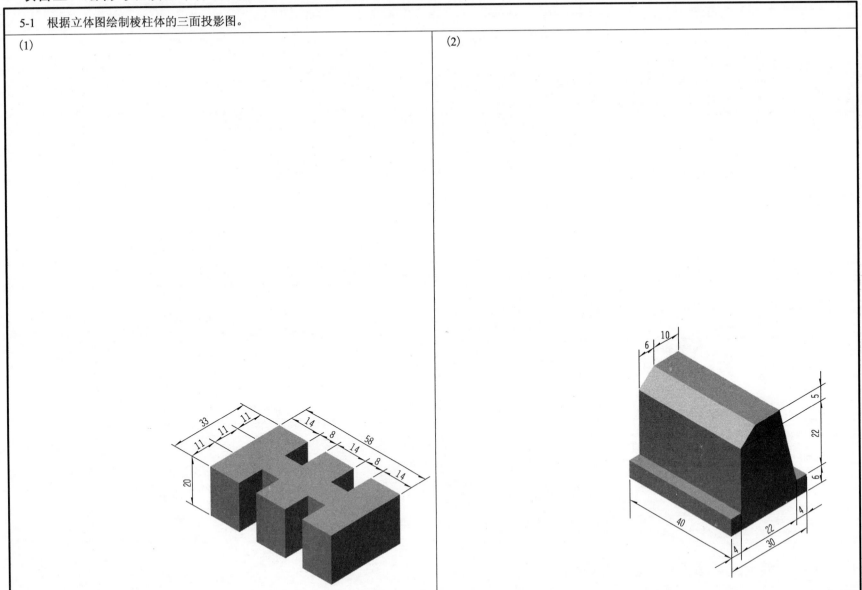

5-2 根据立体图绘制棱柱体的三面投影图。

(1)

(2)

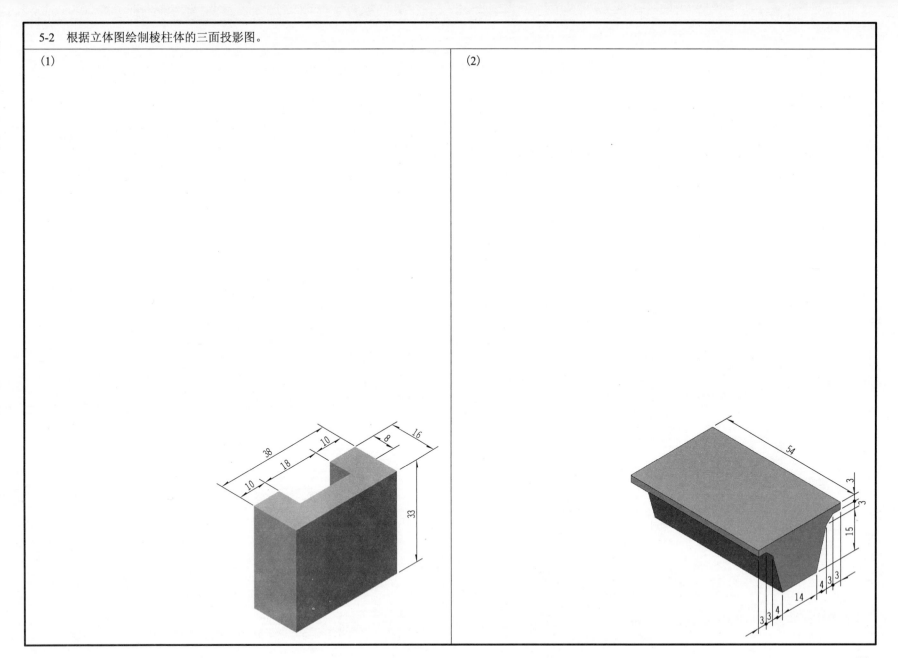

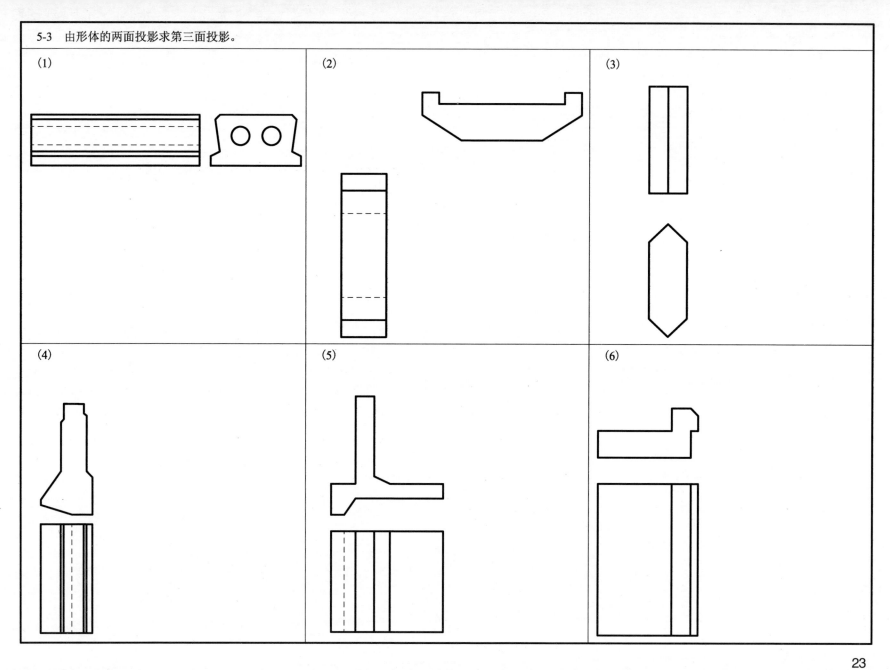

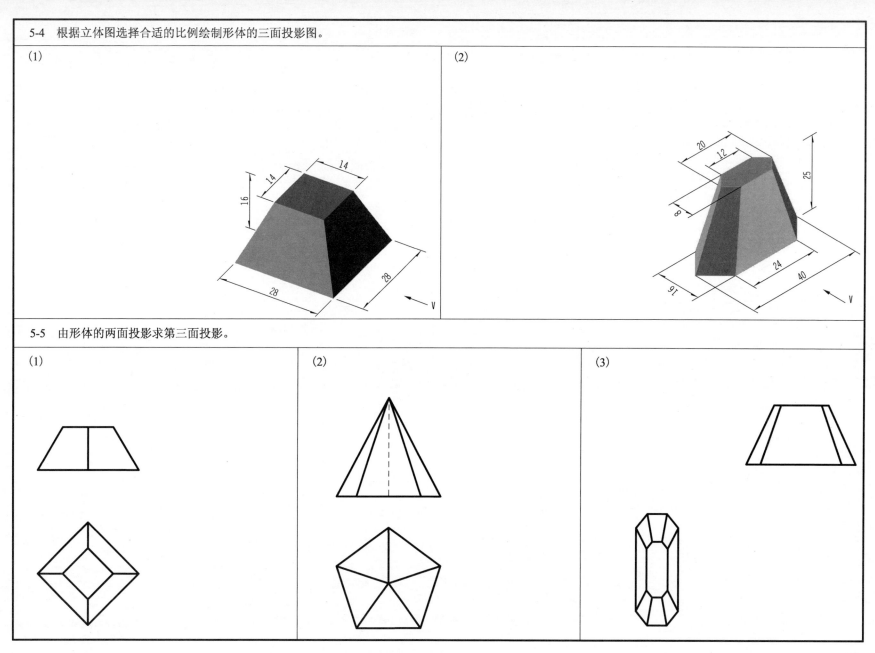

5-6 根据立体图绘制形体的三面投影图。

项目六 绘制与识读道路工程中常见组合体投影图

6-1 根据立体图选择合适的比例绘制桥墩的三面投影图。

26

6-2 完成下列组合体的三面投影图(比例1:1)。

(1)

(2)

(3)

(4)

(5)

(6)

27

6-3 补全下列三面投影图中所缺线条。

(1) (2) (3) (4) (5) (6)

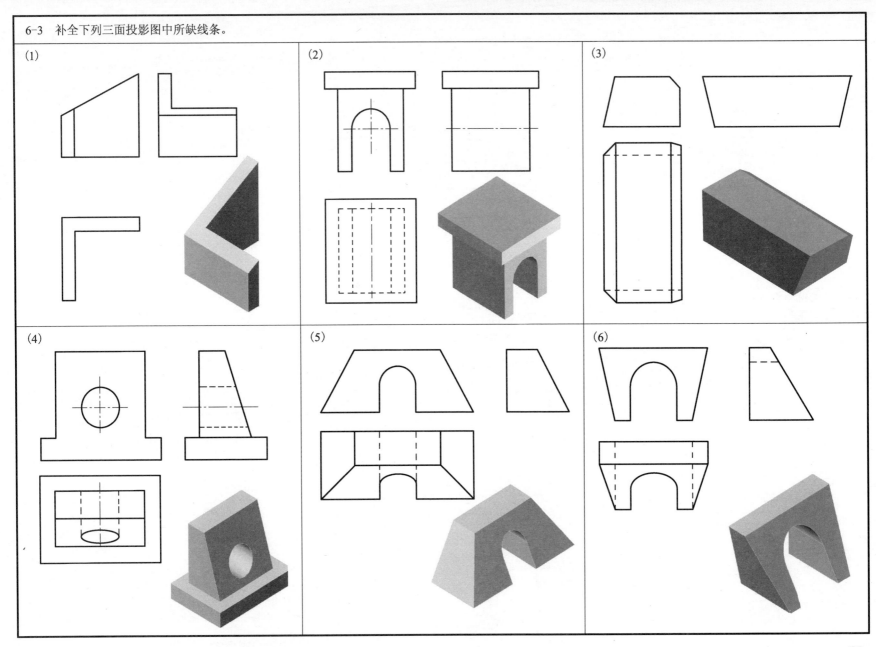

6-4 补全下列三面投影图中所缺线条。

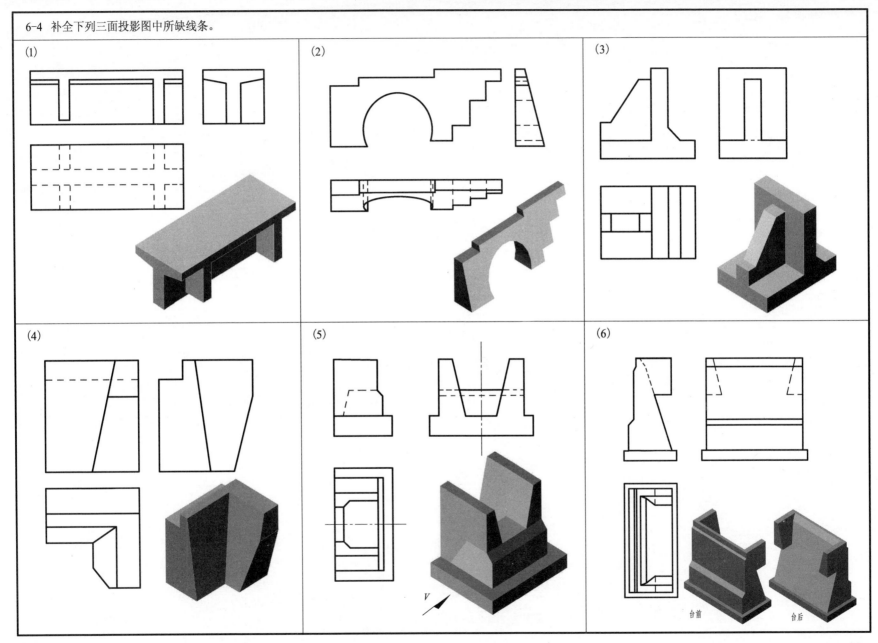

6-5 根据立体图绘制截切体的三面投影图（比例1:1）。

(1)

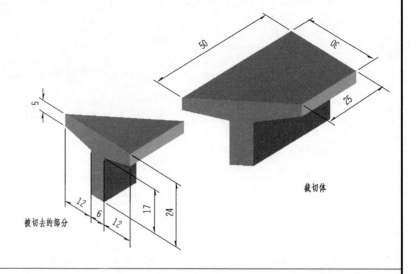

(2)

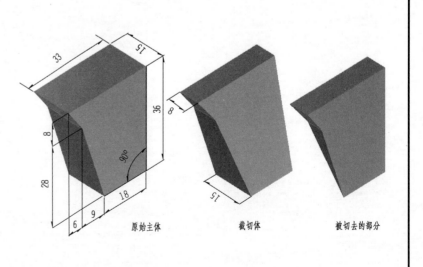

30

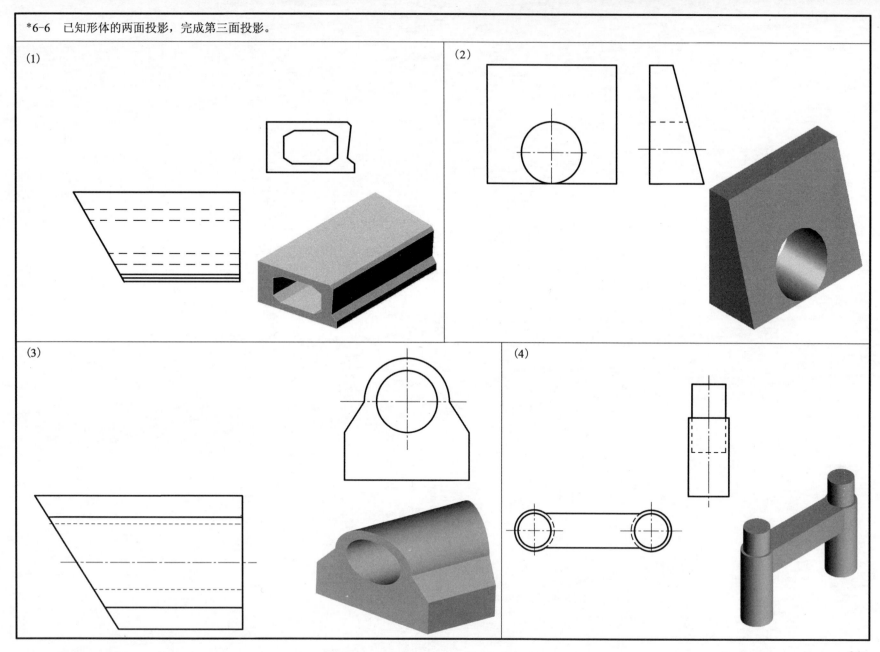

6-7 已知形体的两面投影，完成第三面投影。

(1)

(2)

(3)

(4)

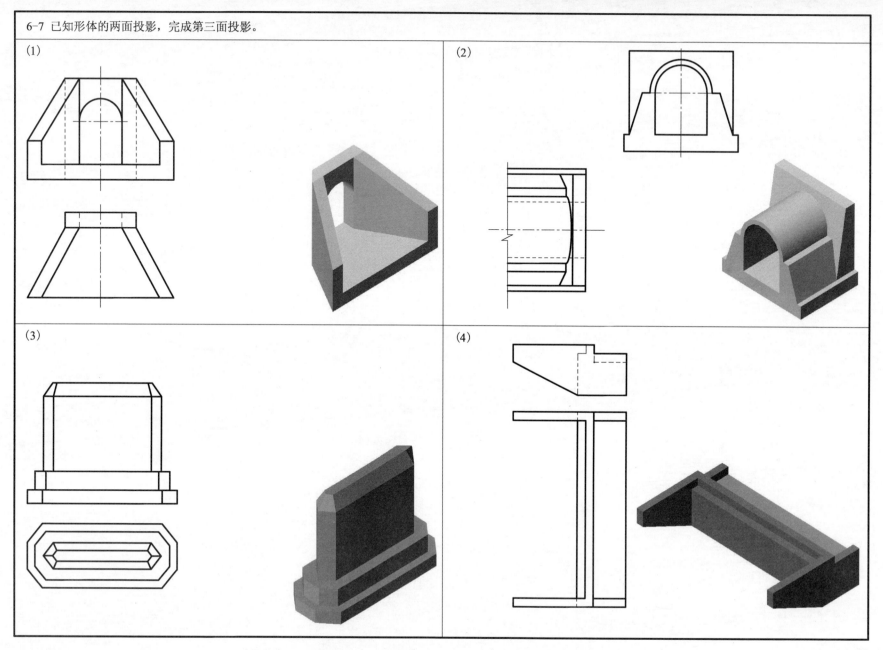

6-8 已知形体的两面投影，完成第三面投影。

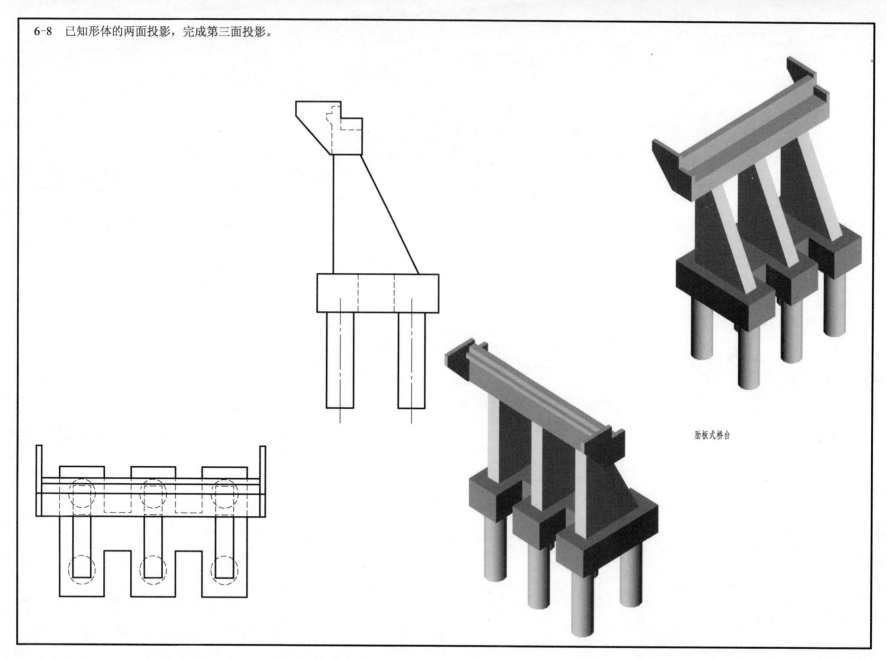

肋板式桥台

6-9 已知形体的两面投影，请补画第三面投影。

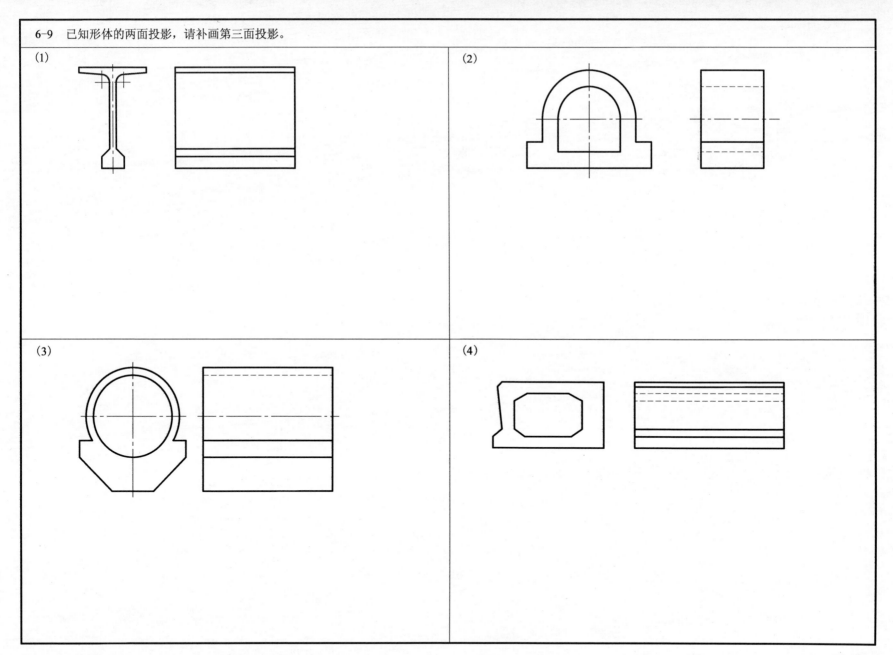

6-10 已知形体的两面投影，请补画第三面投影。

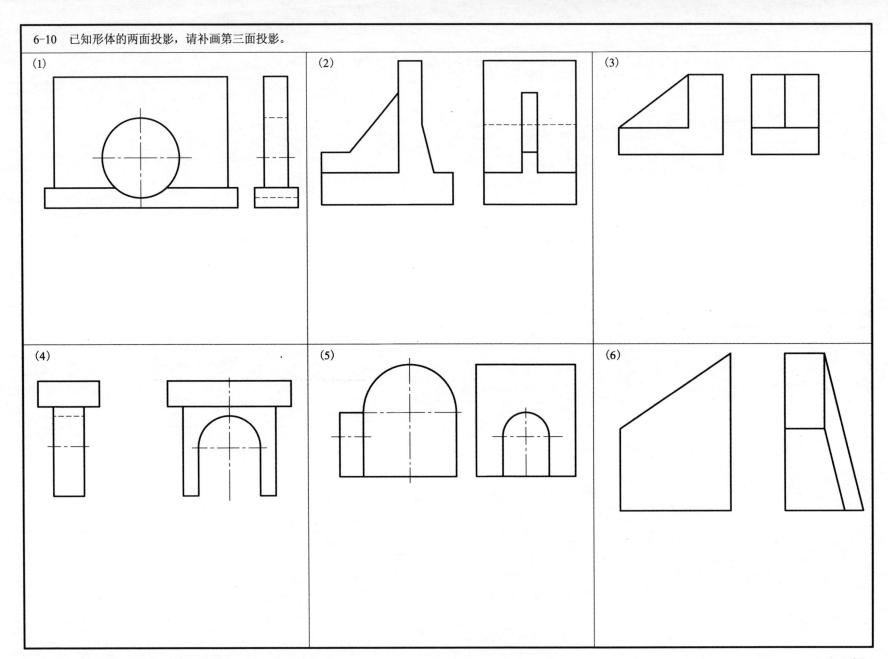

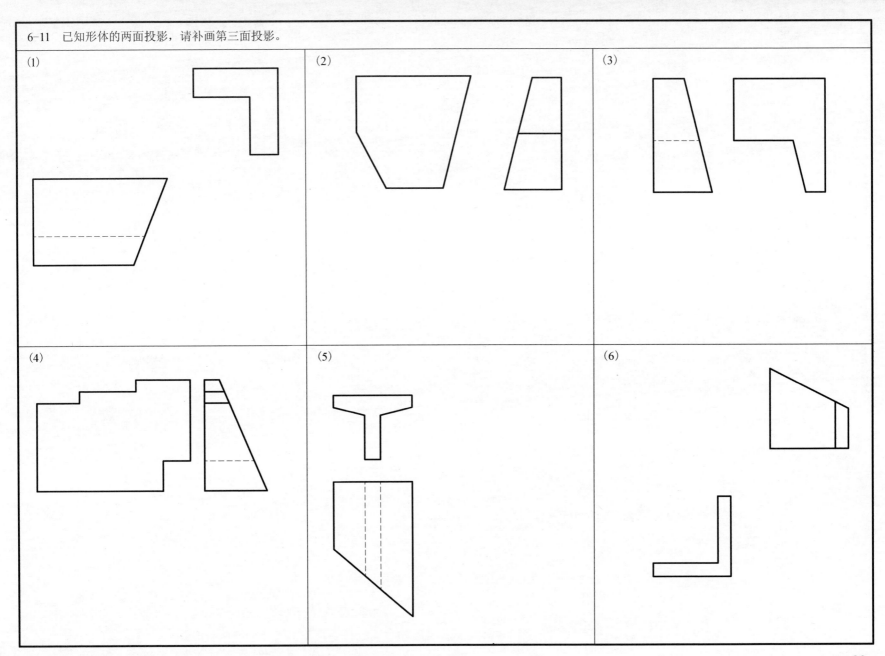

项目七 绘制与识读道路工程构件构造图

7-1 绘制剖面图。

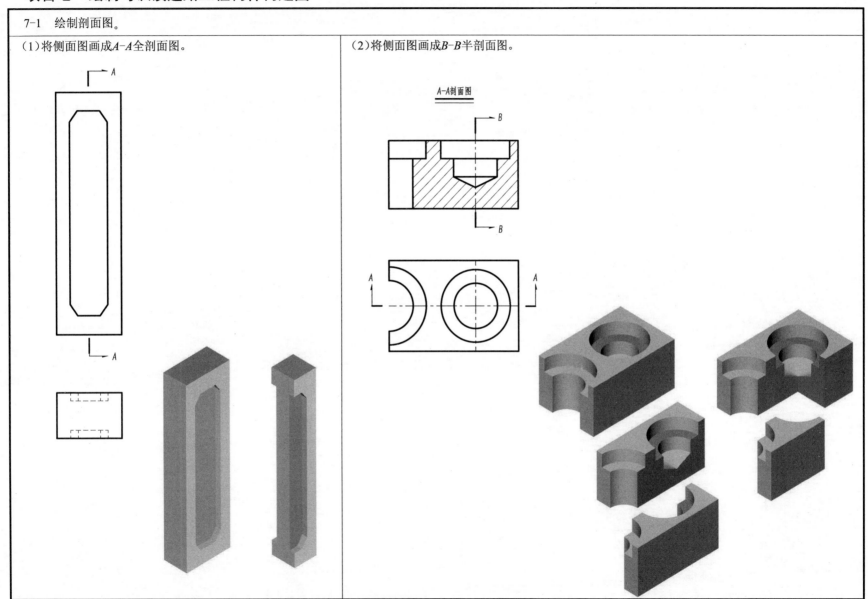

7-2 绘制剖面图。

(1) 将立面图画成 A-A 阶梯剖面图。

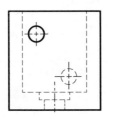
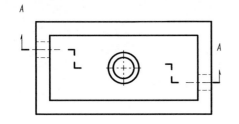
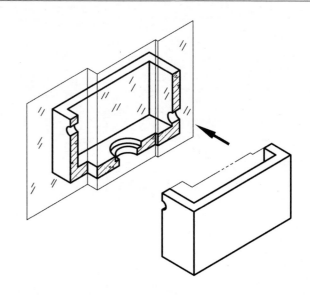

(2) 作 A-A 旋转剖面图。

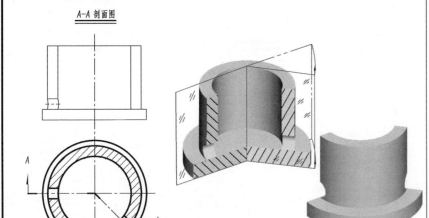

(3) 作 A-A 全剖面图及 B-B 半剖面图。

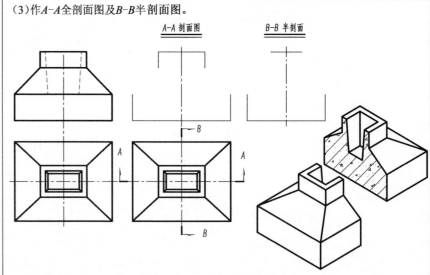

7-3 补出剖面图中所缺的线。

(1)

(2)

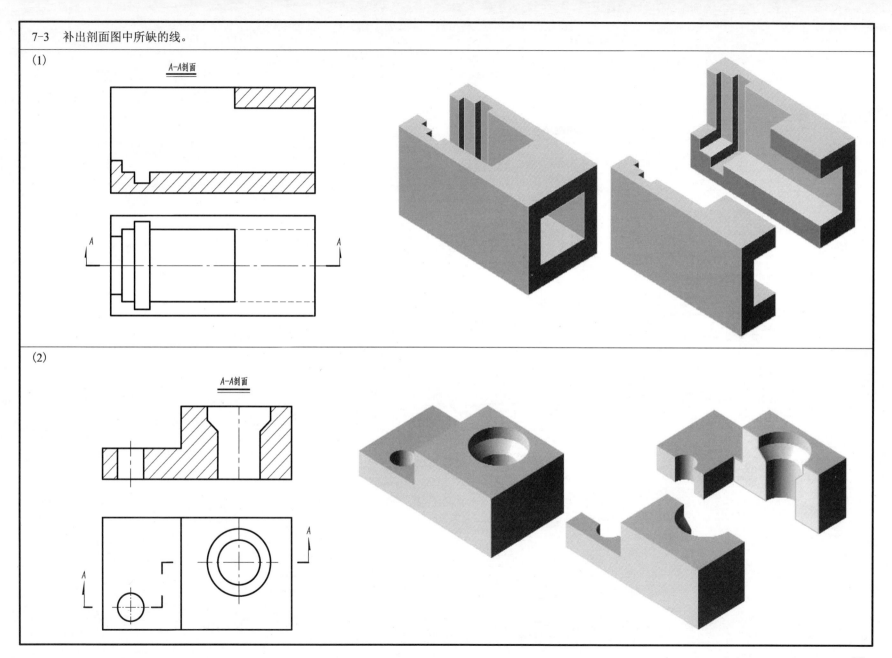

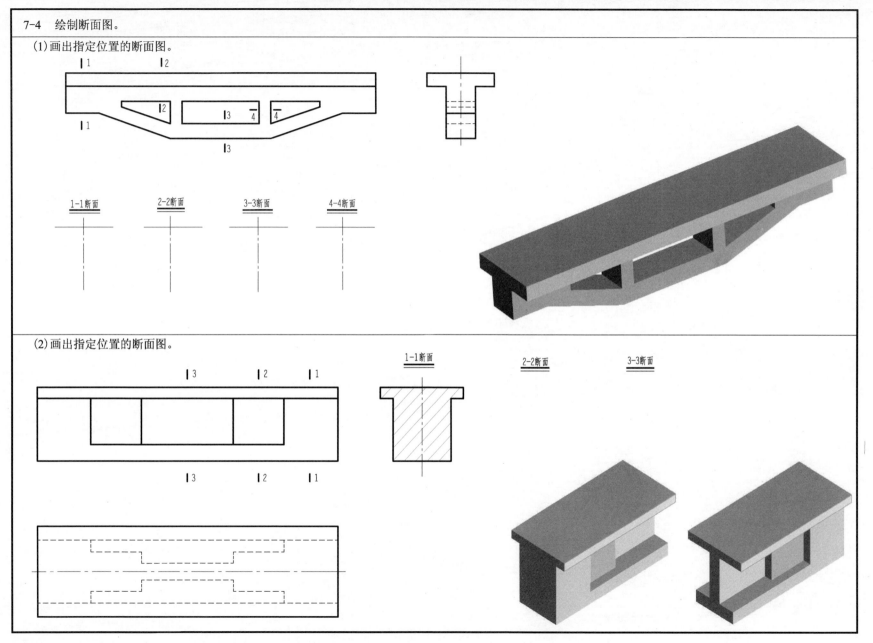

7-5 根据道路工程中的习惯画法，绘制中梁、边梁的I-I、II-II、III-III断面图。

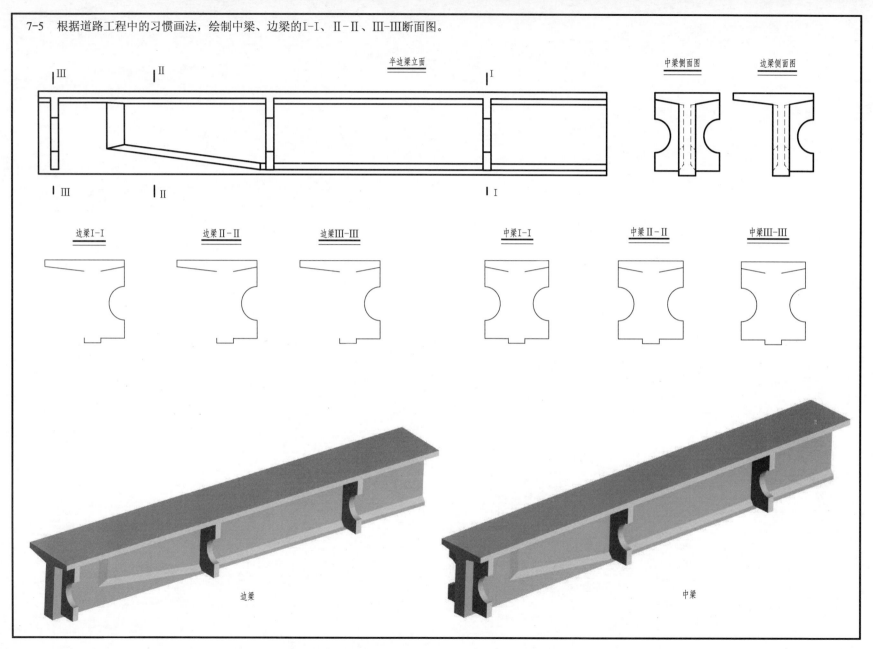

7-6 根据道路工程中的规定画法，在指定位置绘制桥台的 A-A 剖面图及 B-B 断面图（台身、台帽、基础的材料不同，台帽的材料为钢筋混凝土，台身、翼墙的材料为混凝土，基础的材料为浆砌片石）。

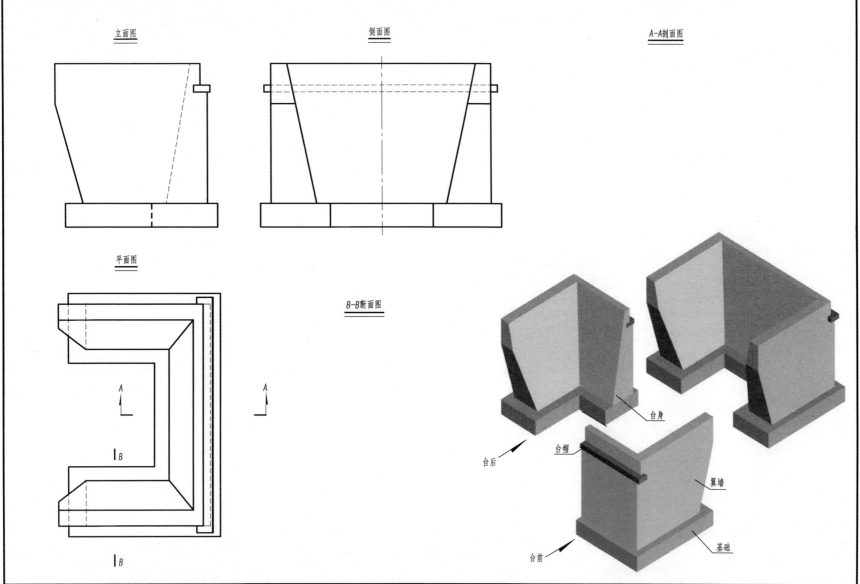

7-7 根据道路工程中的规定画法，在指定位置绘制桥台构造图（立面图画成A-A剖面图，侧面图画成1/2台前和1/2台后合并而成的投影图），其中拱脚垫石的材料为C30钢筋混凝土，台身的材料为M7.5浆砌片石，基础的材料为C20混凝土），拱脚垫石的尺寸从拱脚大样图上量取。

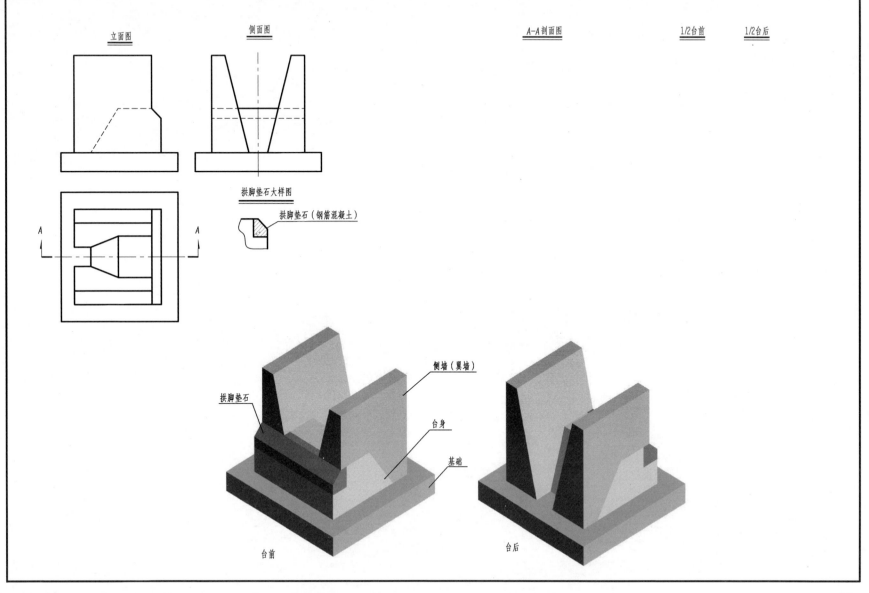

7-8 根据桥墩的平面图、侧面图及立体示意图，绘制桥墩的立面图（Ⅰ-Ⅰ断面图），此时可省略剖面图例。

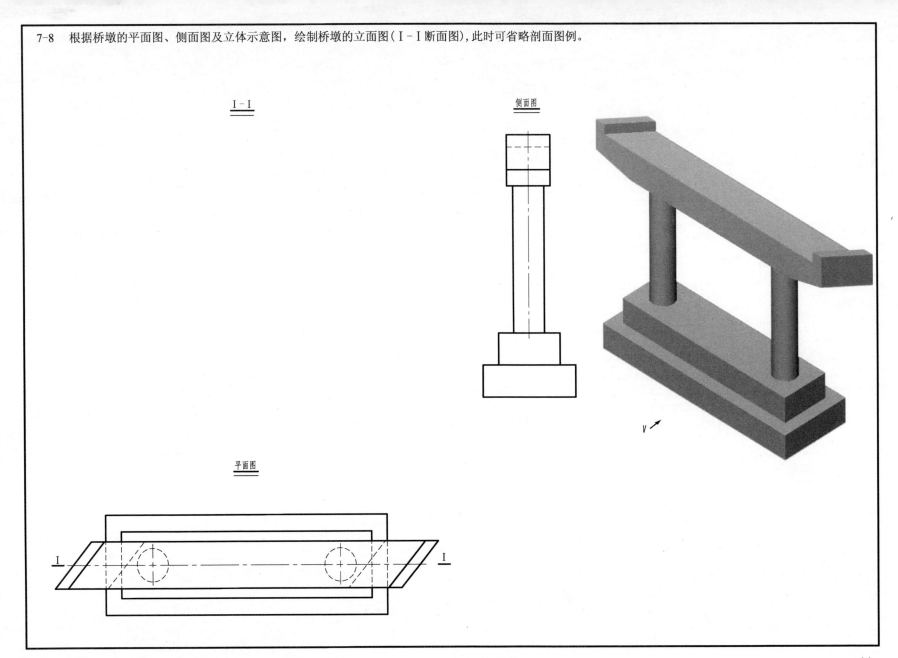

7-9 根据桥墩的平面图、II-II方向的投影图及立体示意图,绘制桥墩的立面图(I-I断面图),此时可省略剖面图例。

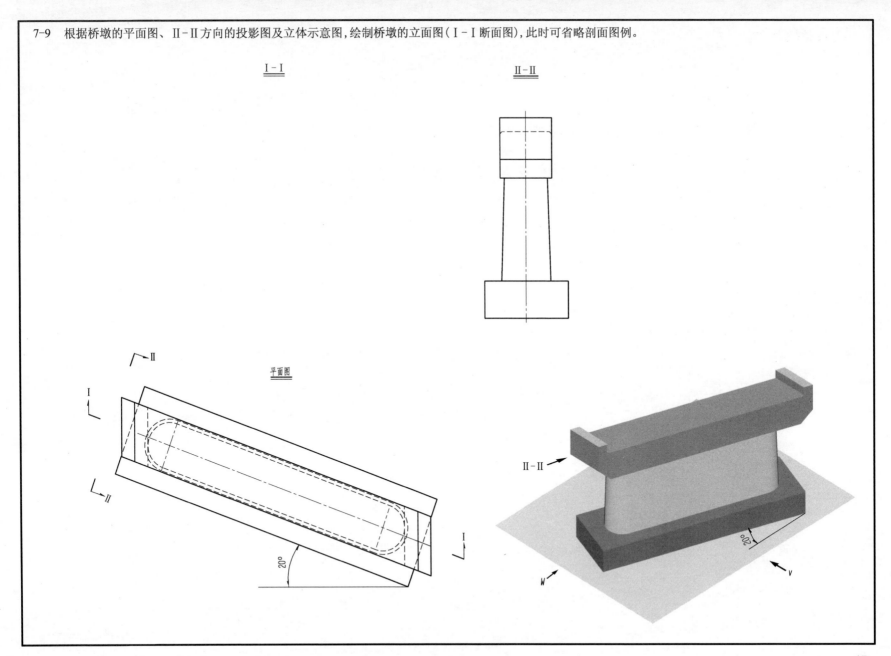

项目八 识读道路路线工程图

8-1 阅读路线平面图。

1. 该段路线的起点桩号为(   )，终点桩号为(   )。该段路线的大致走向是由(   )到(   )方向。

2. JD8的平曲线半径是(   )m，转折角为(   )，向(左、右)方向偏转，切线长为(   )m，曲线长为(   )m，缓和曲线长为(   )m。该曲线段的起点 ZH(直缓)、中点QZ(曲中)、终点HZ(缓直)点的桩号为(   )、(   )、(   )。

3. JD8所在位置的桩号为(   )，坐标为$X=$(   )m，$Y=$(   )m。K12+900~K13+000段是直线段还是曲线段?(   )。

4. 该地区北部，路线左右两侧哪一侧地势较低？(   )。该地区西南部(设计线左侧)的植物是(   )。

5. 第24个GPS点的高程为(   )m。

6. 马营堡2号中桥的桩号为(   )。

8-2 阅读路线纵断面图。

1. 该路段起点桩号为(   )，终点桩号为(   )。该路段坡度为(   )。

2. 马营堡1号中桥是哪一种桥？(   )。该桥的桩号为(   )。该桥梁共(   )跨，跨径为(   )m。桥面的纵向坡度为(   )。

3. 马营堡2号中桥的桩号为(   )。该桥梁共(   )跨，跨径为(   )m。

4. 该路段的地质是(   )。

5. K12+500~K12+680.772段的平面线形是直线还是曲线？(   )。

6. K12+795.773~K13+200段的平面线形是圆曲线，其半径为(   )。该道路为一级公路，半幅路面宽度为12.25m，道路超高为(   )m。道路哪一侧高？(   )。

7. K12+840处的设计高程、地面高程、填高分别为(   )m、(   )m、(   )m。

8-3 阅读路线横断面图。

1. 该道路半幅路面宽度为(   )m，K12+900桩号处路基填高(或挖高)为(   )m，是(填、挖)方路基。

2. K12+520桩号处路基的填挖面积为(   )，是(填、挖)方路基。

3. 从K12+840~K13+091段的路基的倾斜方向可以看出平曲线的转向是右转还是左转？结合纵断面图，可以看出道路在K12+840~K13+091段的超高为(   )m (注意：该道路为一级公路)。

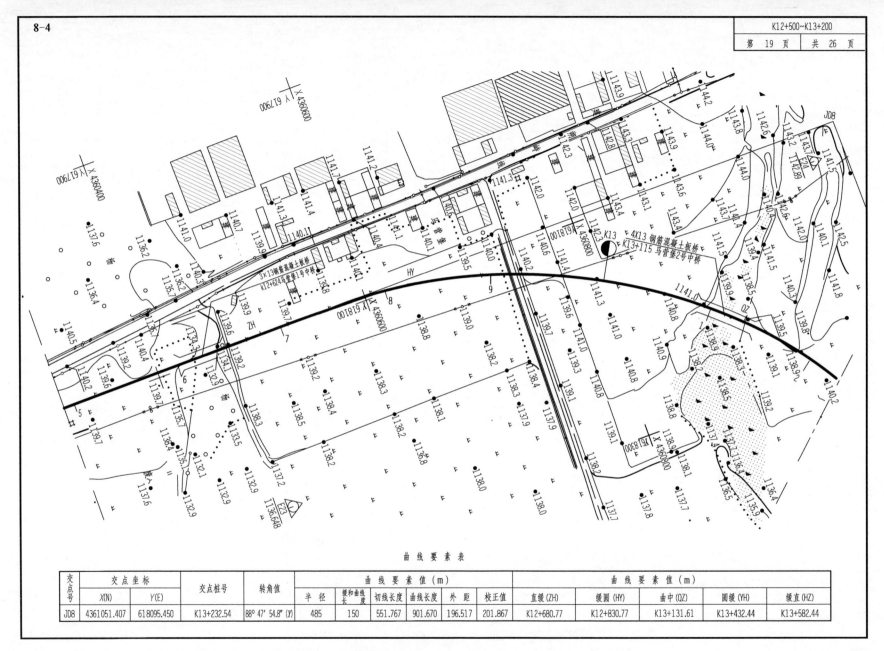

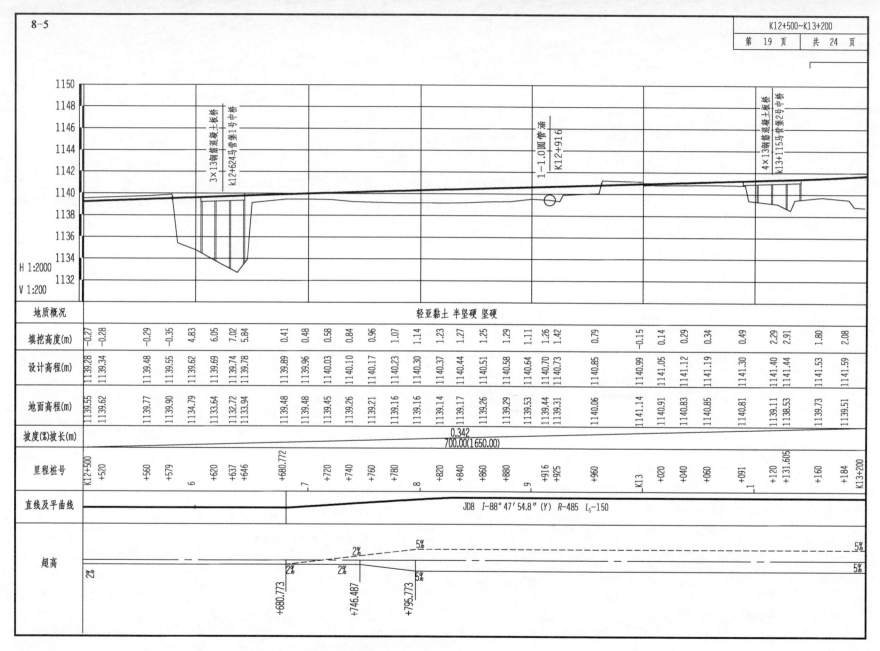

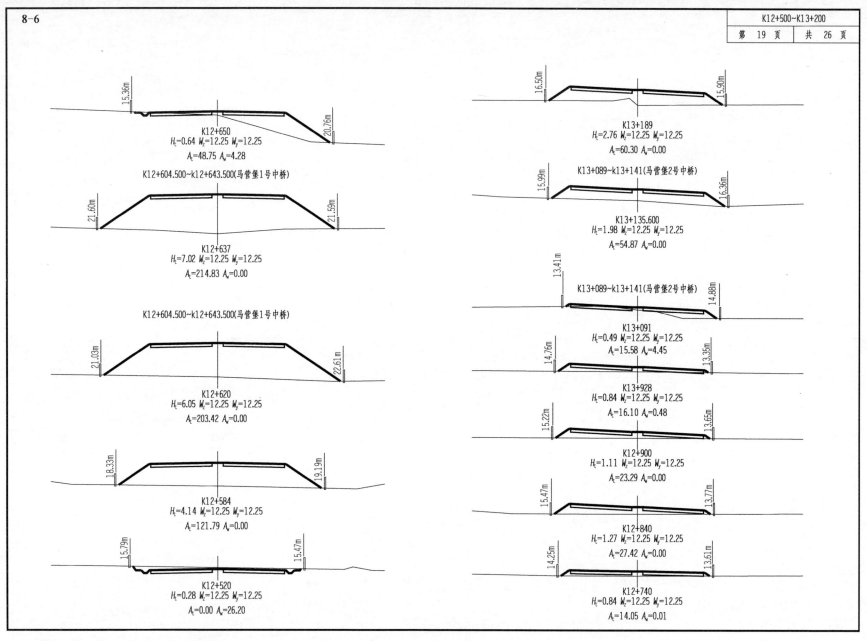

项目九　识读桥梁工程图

9-1 (一)参照立体图阅读图示钢筋混凝土板梁桥桥型布置图,并回答下列问题。
1.该桥型布置图的图示内容有哪些?
2.该桥共(　　)跨,跨径(　　)m,桥长为(　　)m,桥面净宽度为(　　)m。
3.上部结构由(　　)块空心板组成,在立面图、平面图、Ⅰ—Ⅰ断面图、Ⅱ—Ⅱ断面图中用不同颜色的笔标出桥墩立柱、桥墩系梁投影,标出桥台盖梁的投影。
4.在Ⅰ-Ⅰ断面图中看到的桥台是台前还是台后?
5.在立面图中指出锥形护坡、桥头搭板、枕梁的投影。
6.0号桥台基础底面、基础顶面的标高分别为(　　　　)m、(　　　　)m。
7.该桥的设计标高为(　　　　)m,桥面横坡为(　　　　)。
8.该桥中心位于(　　　　)桩号处,钻孔灌注桩的直径为(　　)cm,桥墩桩基础高度尺寸为(　　)m。

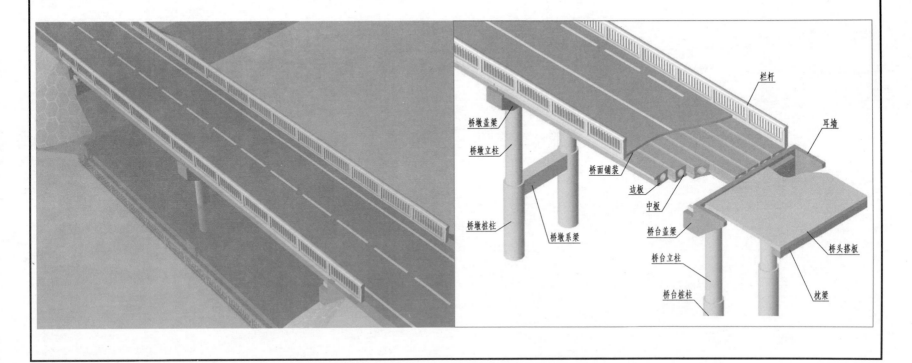

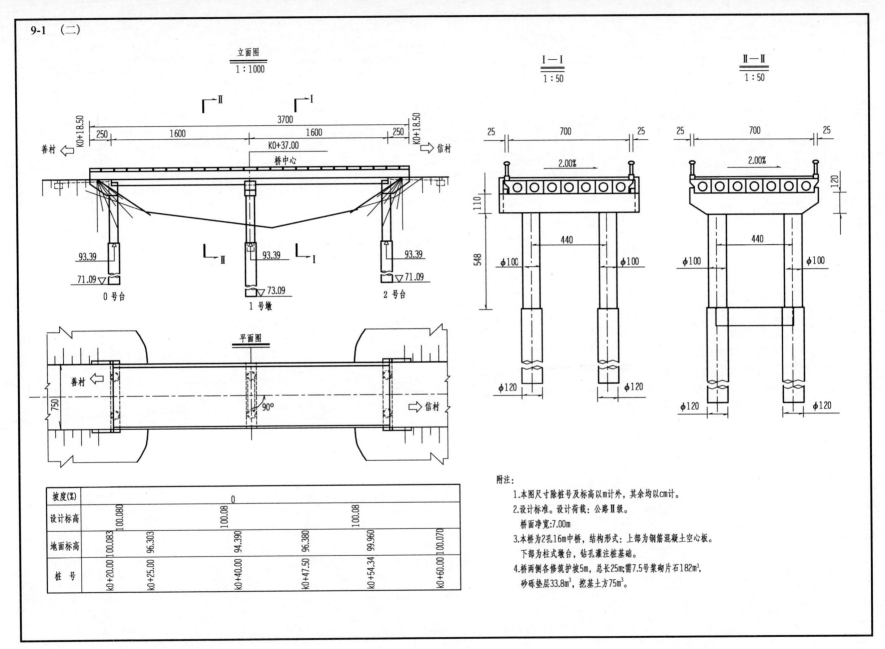

9-2 (一)参照立体图阅读图示钢筋混凝土空心板构造图,并回答下列问题。
1.图为习题9-1所示桥梁的钢筋混凝土空心板构造图,该钢筋混凝土空心板理论长度为(　　)cm,中板宽度为(　　)cm,边板宽度为(　　)cm。
2.支座中心线距梁端(　　)cm。
3.立面图及中板平面图上,平行于梁长度方向的两条虚线表示什么?
4.空心板圆孔中心到空心板顶面的距离为(　　)cm。
5.在立面图、平面图、断面图中标出锚栓孔、空心板圆孔的投影。

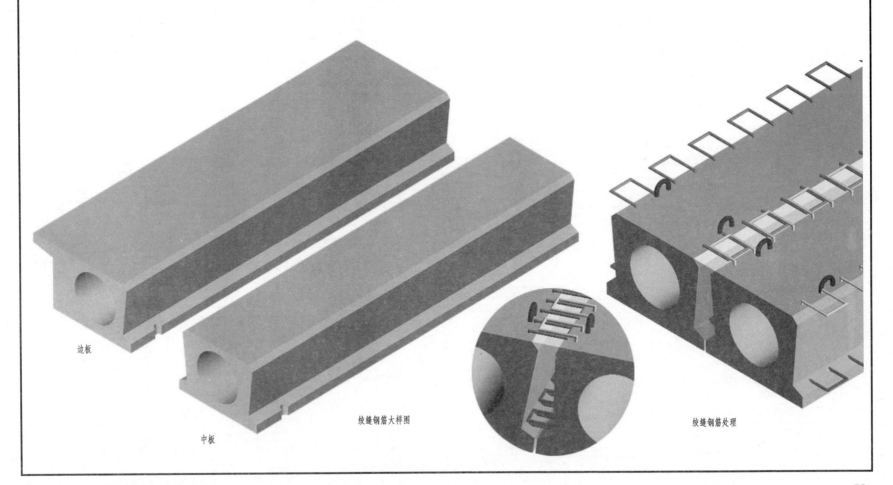

边板　　中板　　铰缝钢筋大样图　　铰缝钢筋处理

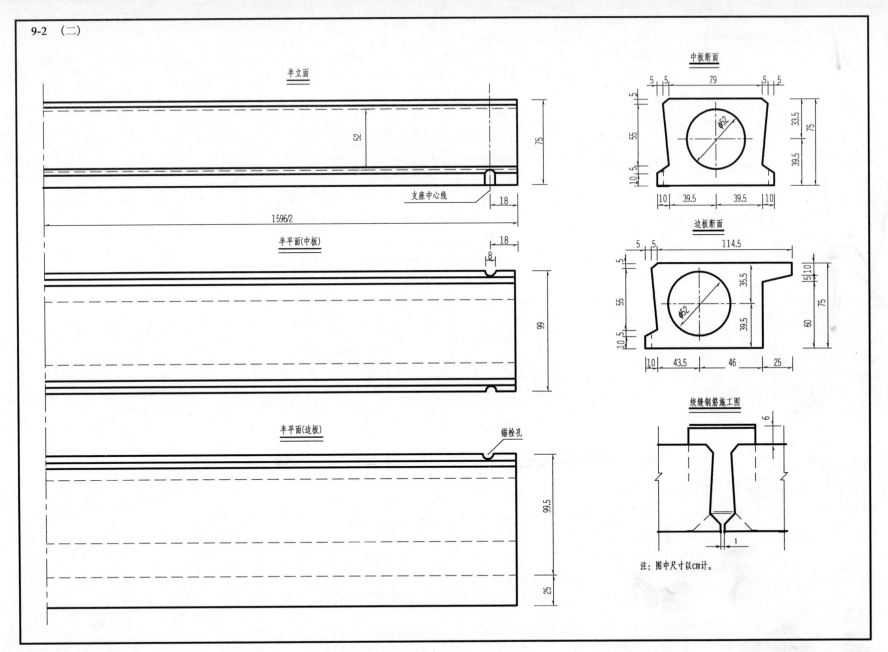

9-3 (一)参照立体图阅读图示钢筋混凝土中板钢筋结构图,并回答下列问题(图为习题9-1所示桥梁的钢筋混凝土中板钢筋结构图)。

1. 图中共有(　　)种钢筋,其中1号钢筋为受拉钢筋,共(　　)根,分布在板梁的(　　)部,1号钢筋的中心间距为(　　)cm。
2. 2号钢筋为吊装钢筋,分布在梁的两端,共(　　)根。3号钢筋为架立钢筋,共(　　)根。6号钢筋每(　　)cm设一道,其下端钩在8号钢筋上并与之绑扎,全梁共(　　)根。
3. 4、5号钢筋为横向连接钢筋(预埋铰缝钢筋),每(　　)cm布置一根,各(　　)根。7、8号钢筋一起组成箍筋,7、8号钢筋均为(　　)根。其中14×10表示有(　　)个间距,每个间距(　　)cm。
4. 一块中板所需钢筋的总重量为(　　)kg。

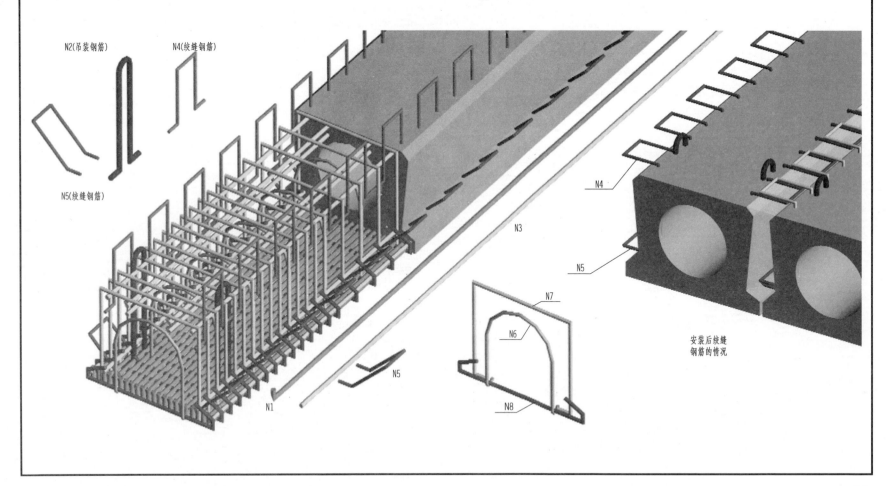

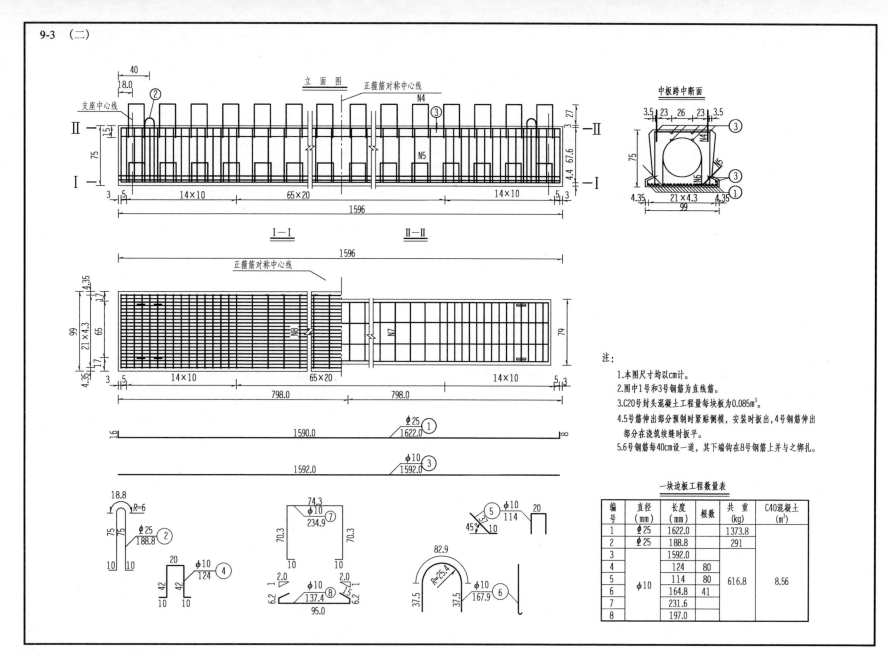

9-4 (一)参照立体图阅读图示钢筋混凝土边板钢筋结构图,并回答下列问题(图为习题9-1所示桥梁的钢筋混凝土边板钢筋结构图)。
　　1. 图中1号钢筋为受拉钢筋,共(　　)根,分布在板梁的(　　)部,1号钢筋的中心间距为(　　)cm。
　　2. 2号钢筋为吊装钢筋,共(　　)根。3号钢筋为架立钢筋,共(　　)根。6号钢筋每(　　)cm设一道,其下端钩在8号钢筋上并与之绑扎。
　　3. 4、5号钢筋为横向连接钢筋(预埋绞缝钢筋),每(　　)cm分布一根,4号钢筋共(　　)根。7、8号钢筋一起组成箍筋,7、8号钢筋均为(　　)根。其中65×20表示有(　　)个间距,每个间距(　　)cm。
　　4. 该边板所用混凝土等级为(　　),一块边板需(　　)m³混凝土。

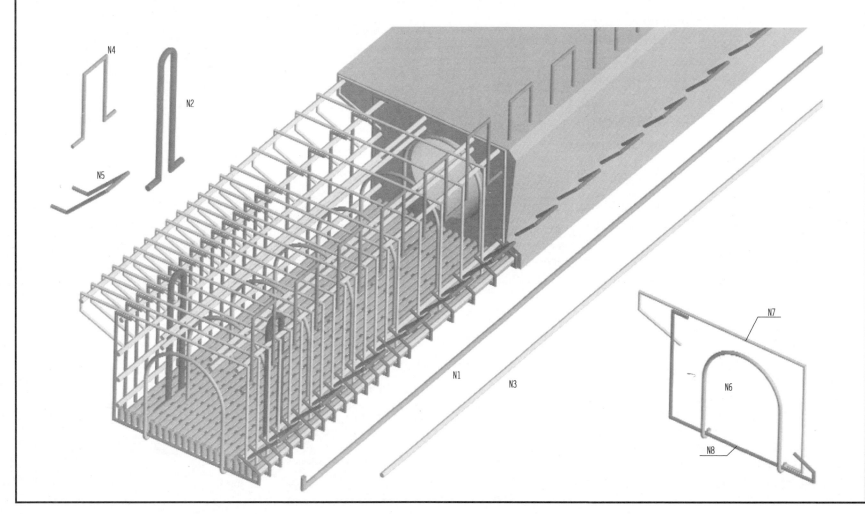

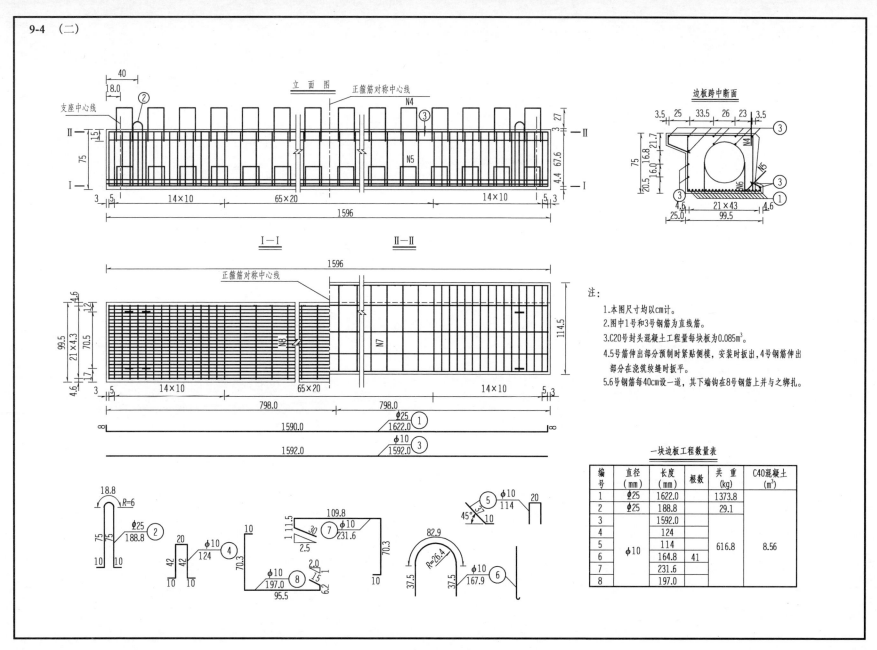

9-5 (一)参照立体图阅读图示桥面铺装钢筋构造图,并回答下列问题(图为习题9-1所示桥梁的桥面铺装钢筋结构图)。
1. 桥面铺装层由两种钢筋组成,由横向钢筋1和纵向钢筋2组成钢筋网,现浇C40混凝土(　　)cm,面层为(　　)7cm。1号钢筋、2号钢筋都是均匀分布的,其间距均为(　　)cm,均为HPB300(Ⅰ级)钢筋。1号钢筋长(　　)cm,共(　　)根,2号钢筋长(　　)cm,共(　　)根。由于面积较大所以采用了折断画法。
2. 尺寸数字2×124.5+5×99+6×1=750 表示2块124.5cm的边板和(　　)块(　　)cm的中板及6个1cm的伸缩缝共(　　)cm,即整个桥面宽。74×10 表示2号钢筋间距为(　　)cm,一孔桥面上共有(　　)间距,共有(　　)根2号钢筋;159×10 表示1号钢筋间距为(　　)cm,一孔桥面上共有(　　)间距,共有(　　)根1号钢筋。
3. 桥面行车道宽度为(　　)cm。

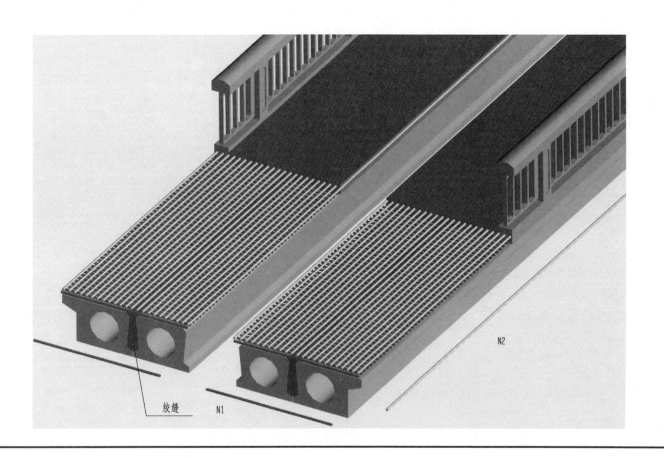

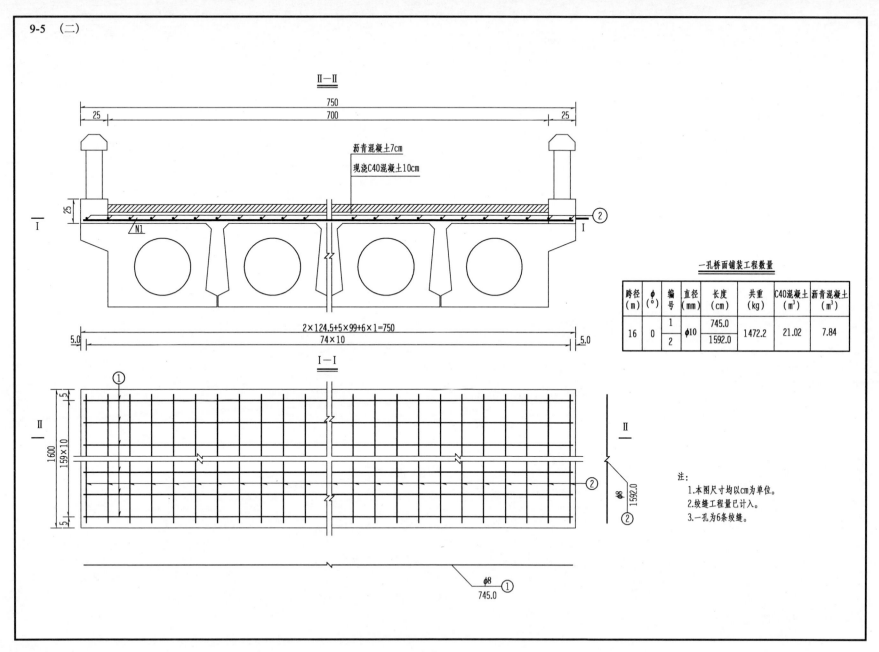

9-6 (一)参照立体图阅读图示桥面连续钢筋构造图,并回答下列问题(图为习题9-1所示桥梁的桥面连续钢筋结构图)。
1. 1号钢筋与2号钢筋相互垂直,2号钢筋长745cm,其长度方向垂直于桥面中心线,在桥墩中心线两侧各50cm范围内均匀分布,每(　　)cm布置一根,共(　　)根。
2. 3号箍筋垂直于2号钢筋均匀分布在整个桥宽上,间距为(　　)cm,共(　　)根。
3. 1号钢筋平行于桥面中心线,每隔(　　)cm一根,共25根,1号钢筋长度为258cm。1号钢筋中部(端缝两侧)有110cm长度为失效段,失效段采用(　　)裹紧的措施,做到钢筋不与混凝土黏结。

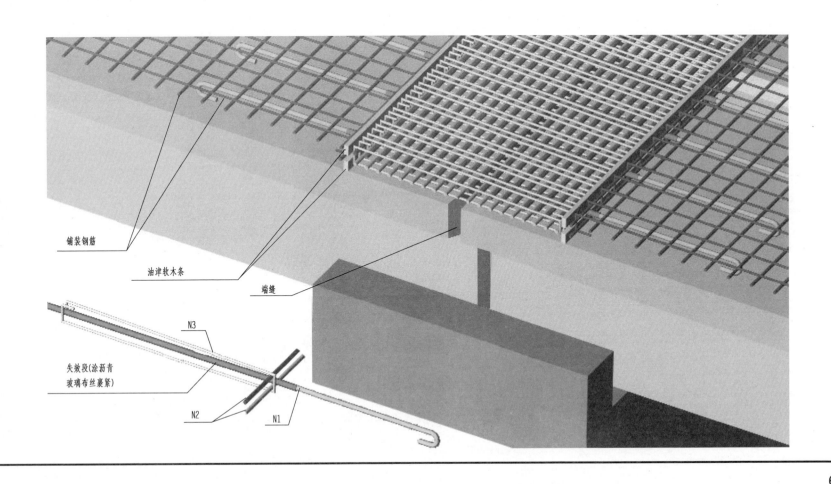

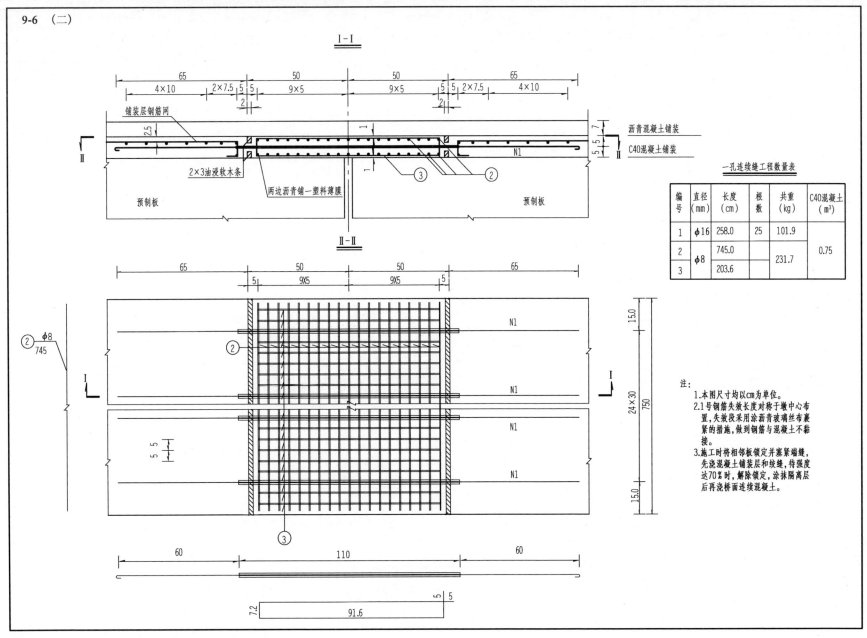

9-7 (一)参照立体图阅读图示桥台盖梁钢筋结构图,并回答下列问题(图为习题9-1所示桥梁的桥台盖梁钢筋结构图)。

1. 整个梁上共有(　)种钢筋,(　)、(　)、(　)、(　)号钢筋均为受力钢筋,并且焊接成钢筋骨架A。1号钢筋分布在梁的顶部,主要用来承受压力;2号钢筋分布在梁的底部,主要用来承受拉力,各(　)根。3、4号钢筋是斜筋,主要承受剪力,5号钢筋是分布钢筋,布置在梁的两侧,共(　)根。6号钢筋是箍筋,沿盖梁纵向是均匀布置的,间距为(　)cm。

2. 尺寸38×10说明有(　)个间距,每个间距为(　)cm布置箍筋。图中除6号钢筋为HPB300(Ⅰ级)钢筋外,其余都是HRB335(Ⅱ级)钢筋。

注意:为了图面清晰立体图中的箍筋没有全部画出,只画出其中一部分。

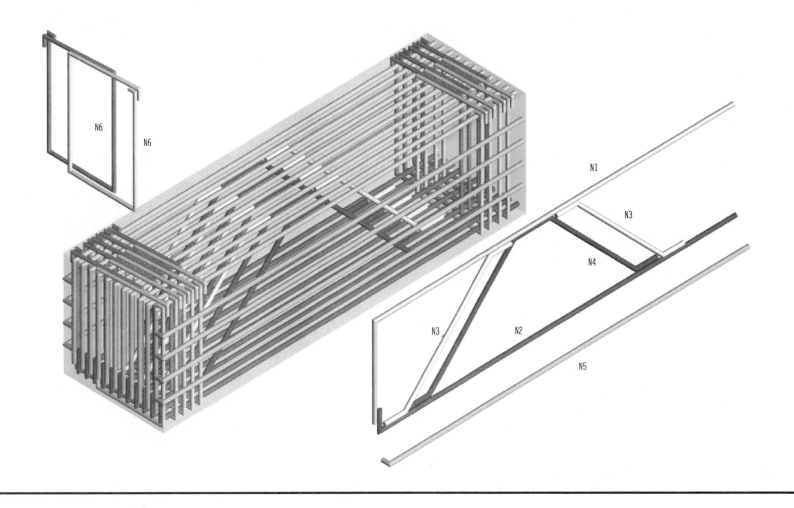

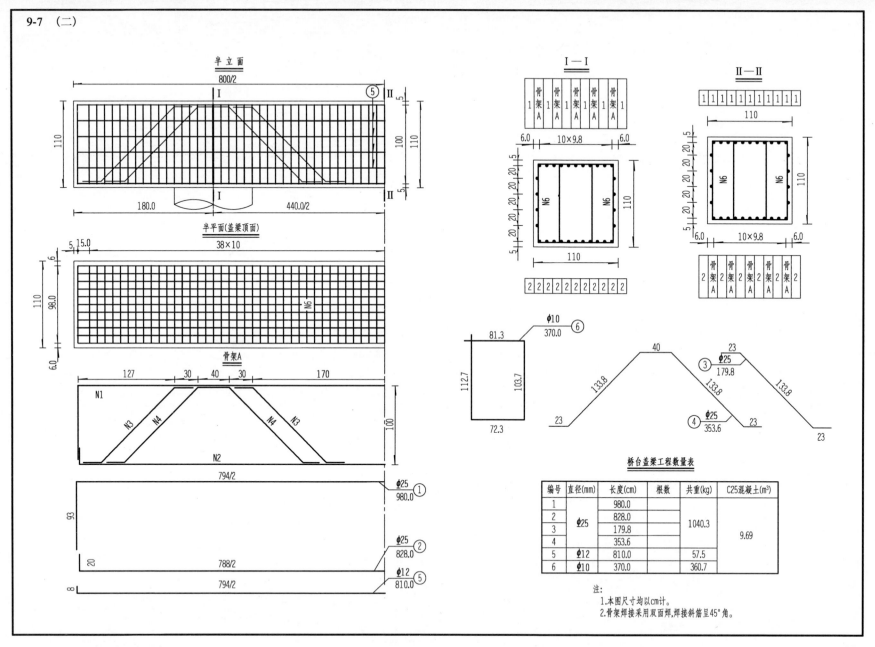

9-8 (一)参照立体图阅读图示桥墩盖梁钢筋结构图,并回答下列问题（图为习题9-1所示桥梁的桥墩盖梁钢筋结构图）。
1. 全梁共有（　）种钢筋,（　）、（　）、（　）、（　）、（　）号钢筋均为受力钢筋,并且焊接成钢筋骨架A。2号钢筋有（　）根,分布在梁的（　）面,主要用来承受拉力;1号钢筋主要用来承受压力,分布在梁的（　）面;3、5号钢筋各有（　）根。4号钢筋有（　）根。6、7号钢筋为分布钢筋,布置在梁的两侧面,7号钢筋的长度随截面的变化而变化, 6、7号钢筋各（　）根。8、9号钢筋是箍筋,以（　）cm的间距均分布在整个梁上,8号钢筋分布在梁的中段,共55道（　）根,9号钢筋是箍筋分布在梁两端的变截面处,共（　）道40根,9号钢筋的长度随截面的变化而变化。除8、9号箍筋是HPB300（Ⅰ级）钢筋外,其余都是HRB335（Ⅱ级）钢筋。
2. 1号钢筋的长度为（　）cm,2号钢筋的长度为（　）cm,图中27×10表示表示有（　）个间距,每个间距（　）cm。
注意：为图面清晰立体图中的箍筋没有全部画出,只画出其中一部分。

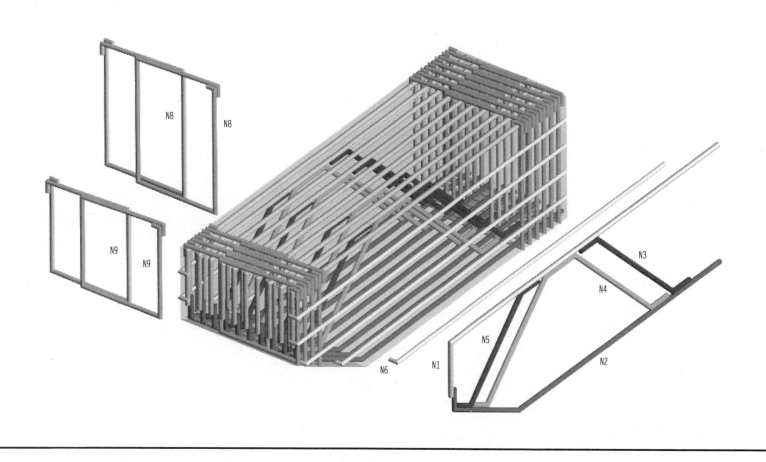

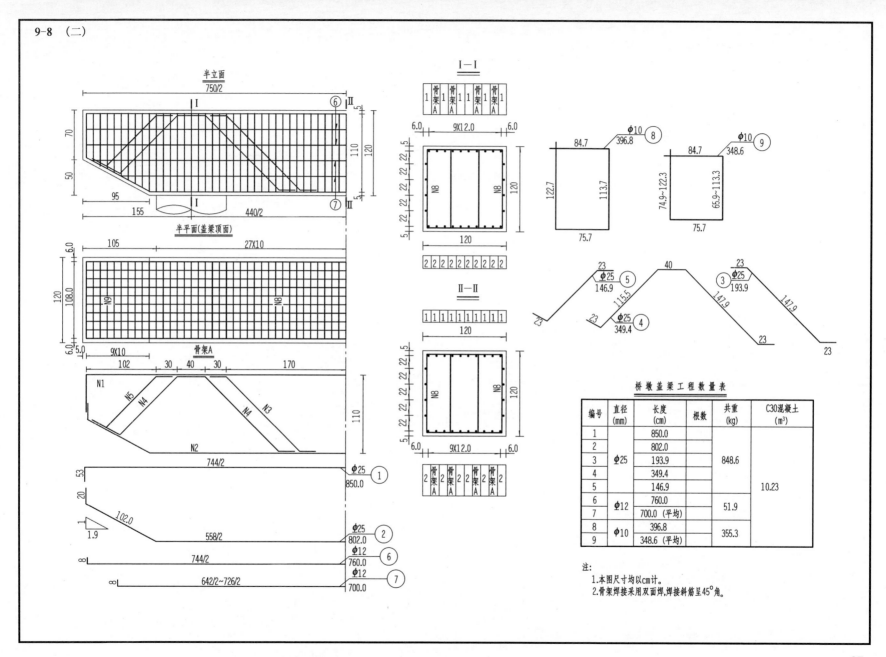

9-9 （一）参照立体图阅读图示桥墩桩基础钢筋结构图，并回答下列问题（图为习题9-1所示桥梁的桥墩桩基础钢筋结构图）。

1. 图中共有（　　）种钢筋。其中（　　）、（　　）、（　　）号钢筋分布在桥墩立柱内，1号钢筋为立柱的主筋，1号钢筋伸入盖梁内的部分做成喇叭形，大约与直线倾斜15°，下部伸入桩柱内的部分也做成微喇叭形。一根桩柱中共有（　　）根1号钢筋，2号加强箍筋在钢筋骨架上每隔（　　）m焊接一根，一根桩柱中共（　　）根。3号钢筋为立柱的螺旋分布筋，只有1根，分布在整个立柱上，其螺旋间距为（　　）cm，3号螺旋筋总长为（　　）cm。

2. 4、5、6、7、8号钢筋为桩基钢筋。4、5号钢筋均为桩柱的主筋，只是长度不同。4、5号钢筋上部与1号钢筋搭接部分向内倾斜，以便与1号钢筋焊接，4、5号钢筋也是沿圆周均匀分布，且与6号加强箍筋焊接。一根桩柱中有4号、5号钢筋各（　　）根。6号加强箍筋在钢筋骨架上每隔（　　）m焊接一根，全柱共6根。8号钢筋为螺旋分布筋，分布在整个桩柱上，螺旋间距为（　　）cm，8号螺旋钢筋高度为（　　）cm。7号定位钢筋在钢筋骨架上每隔（　　）m沿圆周等距离焊接4根，一根桩柱中共24根。在桩基础底部有（　　）cm的素混凝土（无钢筋的混凝土）。

3. 3号螺旋箍筋焊接在1号钢筋的（内、外）侧，2号加强箍筋焊接在1号钢筋的（内、外）侧，8号螺旋箍筋焊接在4、5号钢筋的（内、外）侧。6号加强箍筋焊接在4、5号钢筋的（内、外）侧。

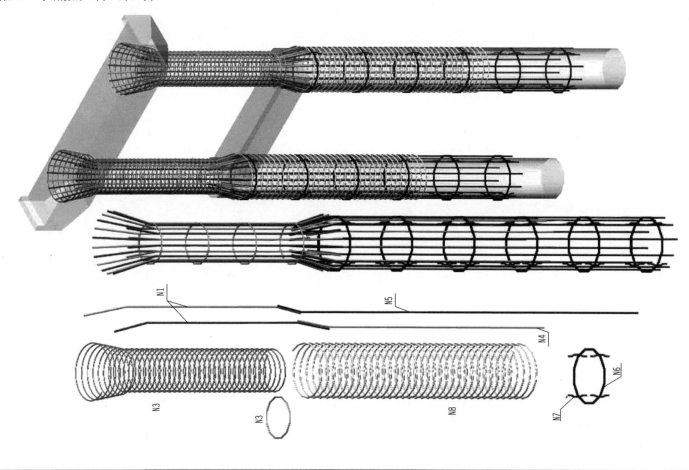

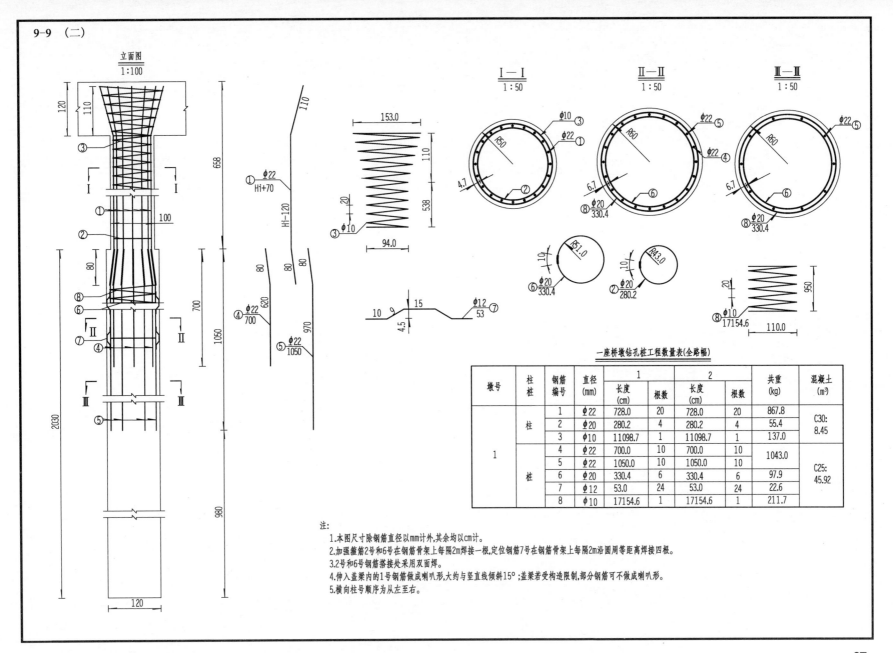

项目十　识读涵洞工程图

10-1　(一)参照立体图阅读图示钢筋混凝土斜盖板涵一般构造图，并回答下列问题。

1. 该涵洞与道路中心线斜交，立面图是剖切平面通过涵洞轴线向正面投影得到的纵向剖面图，立面图上的长度尺寸不反映实长，所以涵洞长度方向的尺寸要从平面图上分析，道路宽度要从立面图上分析。涵洞高度方向的尺寸从立面图、侧面图上分析，并注意侧面图与Ⅰ-Ⅰ断面图(涵身横断面图)上的尺寸的关系。侧面图为洞口正立面图（即投影方向垂直于道路中心线的投影图），而Ⅰ-Ⅰ断面垂直于涵洞轴线，洞口正立面与涵身横断面夹角为(　　)度。
2. 该涵洞洞顶道路中心线处填土高度为(　　)cm，路面宽度为(　　)cm，涵洞轴线与道路中心线的夹角为(　　)度。
3. 路基边坡的坡度为(　　)，涵洞净高为(　　)cm，截水墙的长、宽、高为(　　)cm、(　　)cm、(　　)cm，锥形护坡浆砌片石厚度为(　　)cm。
4. 洞底铺砌的厚度为(　　)cm，砂砾垫层的厚度为(　　)cm，洞口铺砌的厚度为(　　)cm，洞口铺砌的水平形状为(　　)形，截水墙的水平形状为(　　)形，洞顶盖板的水平形状为(　　)形。
5. 涵台基础高度为(　　)cm。
6. 在Ⅰ-Ⅰ断面图中指出盖板、涵洞台身、涵洞基础、台帽、洞底铺砌、砂砾垫层的断面。Ⅰ-Ⅰ断面图的剖切平面与道路中心线的夹角为(　　)度。
7. 涵台、涵洞基础的材料分别为(　　)、(　　)。
8. 涵洞轴线处道路中心设计高程为(　　)m，涵洞轴线处路基边缘的设计高程为(　　)m，洞底道路中心线处的设计高程为(　　)m。

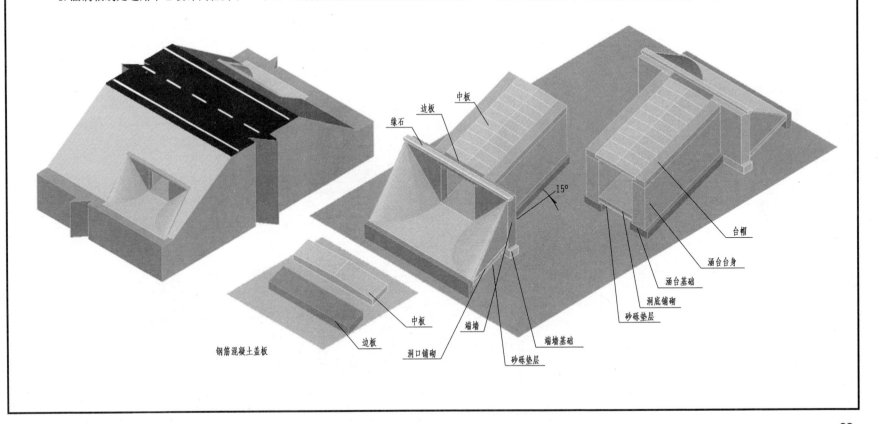

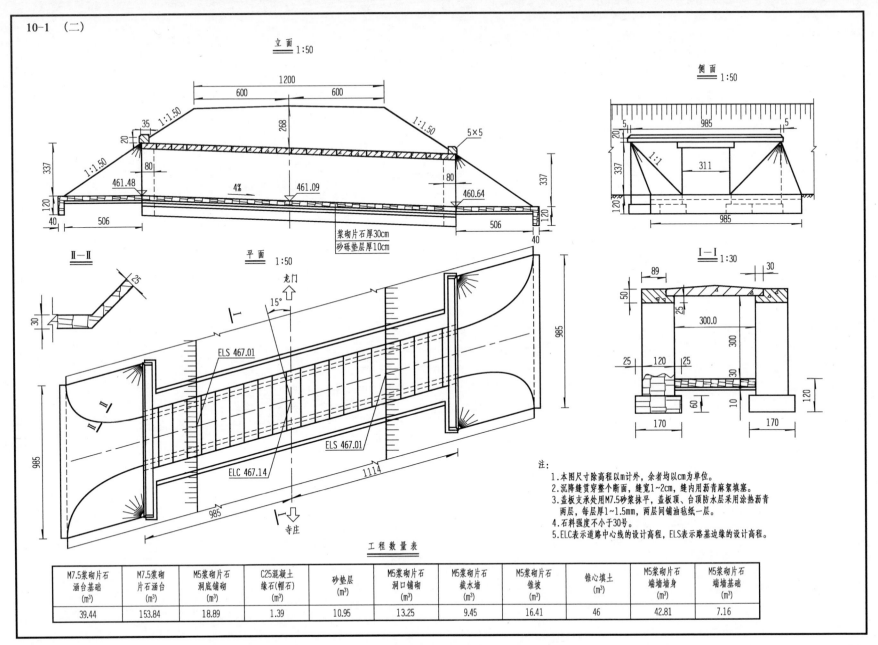

10-2 （一）参照立体图阅读图示钢筋混凝土圆管涵一般构造图，并回答下列问题。
1. 涵洞中心线处道路中心线的设计高程为（   ）m，路基边缘设计高程为（   ）m。端墙及端墙基础的材料为（   ）；涵管（圆管）基础的材料为（   ）。
2. 涵管管径为（   ）cm，管壁厚为（   ）cm，涵管长为（   ）cm，两管之间的中心距为（   ）cm。洞底砂砾垫层厚（   ）cm，设计流水坡度为（   ）。
3. 路基宽度为（   ）cm。道路中心线处洞顶填土厚度为（   ）cm。路基边坡分为两段，上面部分坡度为（   ），下面部分坡度为（   ），在两坡面之间有500cm宽的平台，该平台与路面的高差为（   ）cm。
4. 洞口铺砌的厚度为（   ）cm，锥形护坡浆砌片石的厚度为（   ）cm。

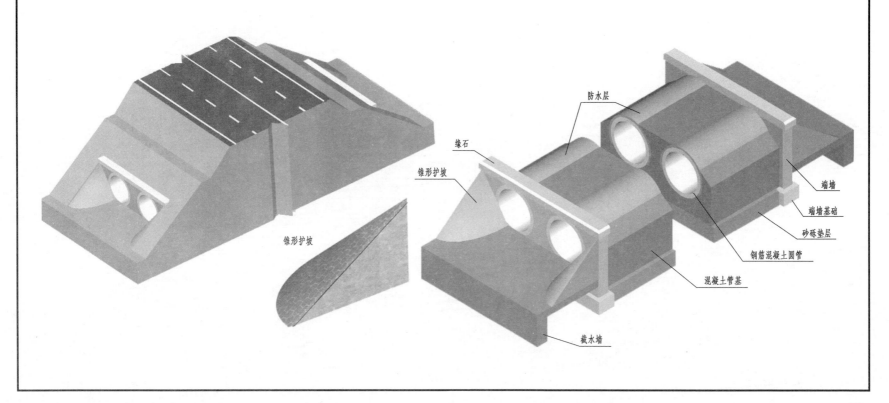

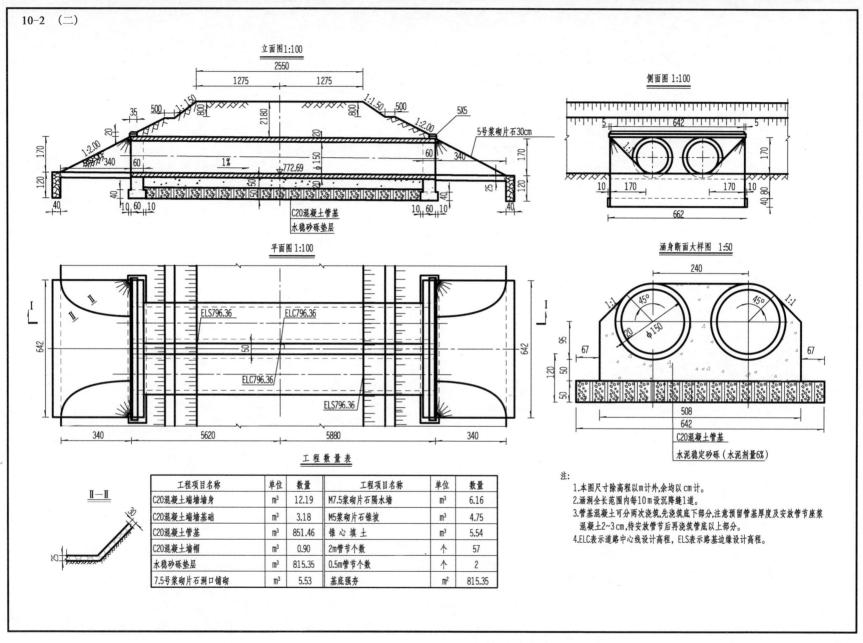

10-3 (一)参照立体图阅读图示钢筋混凝土斜圆管涵一般构造图,并回答下列问题。

由于涵洞与道路中心线倾斜,涵洞长度方向的尺寸标注在平面图上,平面图要重点分析,道路宽度尺寸要从立面图上分析。(**注意**:图中斜涵倾斜角较大,使图面难以布置,采用缩小后的倾斜角值绘制,但在计算尺寸时,仍应按实际的倾斜角计算)。

1. 涵洞轴线处道路中心线的设计高程为(   )m,路基左、右侧边缘设计高程分别为(   )m、(   )m,说明该涵洞位于道路的弯道(平曲线)上。该处道路是左转,还是右转?若该道路为二级公路,那此处道路的超高为(   )m。
2. 涵管(圆管)管径为(   )cm,管壁厚为(   )cm,涵管长为(   )cm。洞底设计流水坡度为(   )。路基宽度为(   )cm。道路中心线处洞顶填土厚度为(   )cm。路基边坡为(   ),锥形护坡浆砌片石厚度为(   )cm。
3. 立面图的剖切平面通过涵洞轴线,与道路中心线的夹角为(   )度。涵身横断面图的剖切平面垂直于涵洞轴线,与道路中心线的夹角为(   )度。
4. 涵管的侧面投影是否反映实形?其侧面投影是什么形状?
5. 在三面投影中用不同颜色的笔标出截水墙,端墙基础的投影。

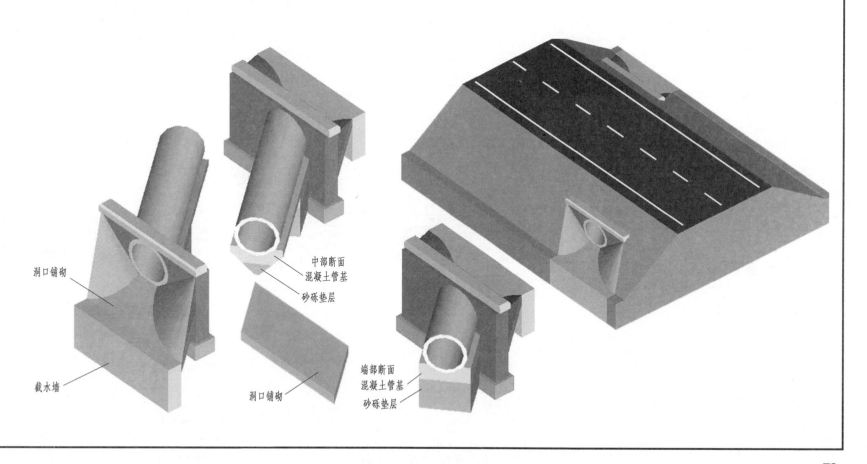

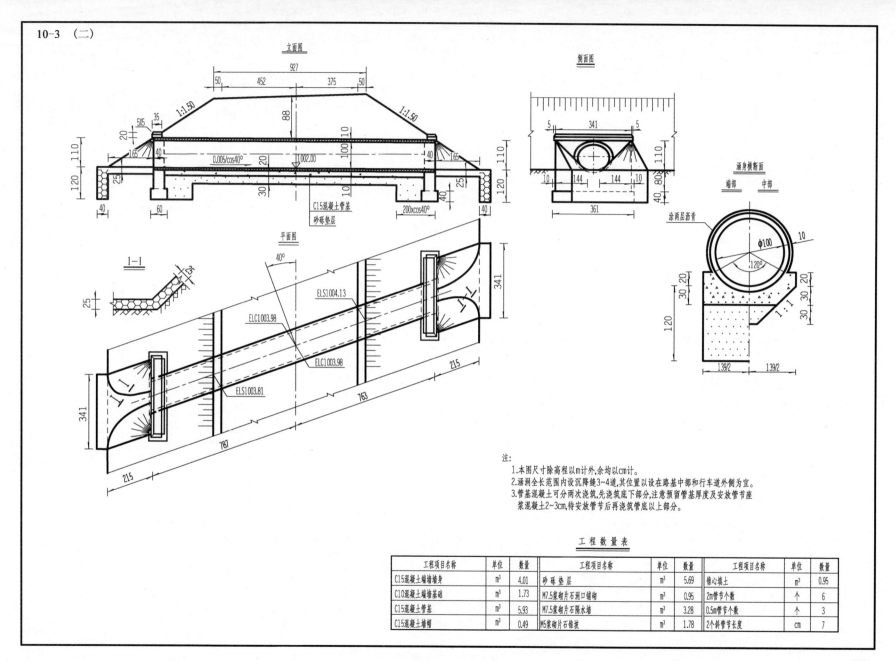

10-4 (一)参照立体图阅读图示石拱涵一般构造图,并回答下列问题。

该拱涵的左侧地面高度较高,右侧较低,在10.8m的范围内高度差为(1015.50-1014.42=1.08)m,坡度可达10%,该涵洞分成三段,一段与另一段有一定的落差,图上有标注。该图的水平投影是假想去掉护拱后的投影(应该注意的是工程中涵洞图的水平投影往往省略许多线条,此时一定要结合涵洞构件图仔细阅读)。

1. 该石拱涵洞顶道路中心线处的填土高度为(　　)cm,路基宽度为(　　)cm。路基边坡的坡度为(　　)。洞底道路中心线处的高程是(　　)m,洞底坡度为(　　),两段涵身之间的落差是(　　)cm。中间段涵身两端之间的水平距离为(　　)cm。
2. 在涵身断面图中指出涵台基础、涵台、拱圈、护拱、洞底铺砌、洞底垫层的断面。端墙基础的高度为(　　)cm,涵台基础的高度为(　　)cm。
3. 洞底铺砌、洞底垫层的厚度为(　　)cm、(　　)cm。
4. 分析每一构件的投影情况,想象各构件的形状。

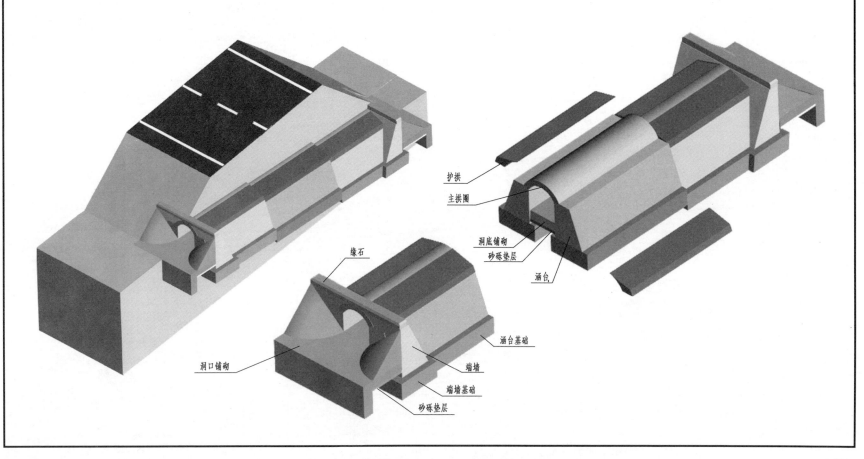

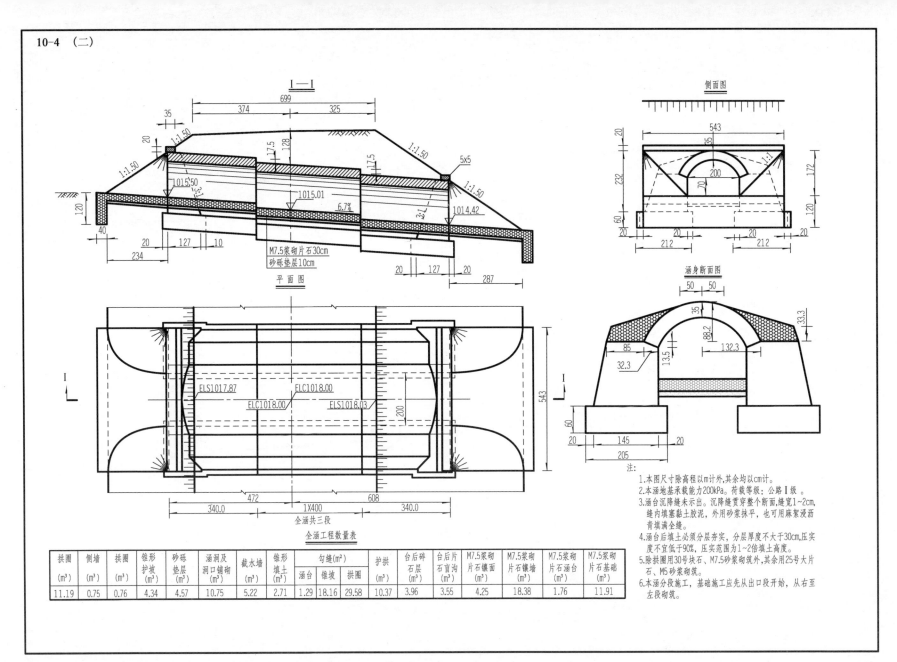

10-5 (一)参照立体图阅读图示钢筋混凝土箱涵一般构造图,并回答下列问题。
1. 该钢筋混凝土箱涵洞顶道路中心线处的填土高度为( )cm,路基宽度为( )cm。路基边坡的坡度为( )。洞底道路中心线处的高程是( )m。
2. 洞身端部、中部砂砾垫层的厚度为( )cm、( )cm。混凝土基础的厚度为( )cm。
3. 锥坡基础的高度为( )cm、宽度为( )cm,锥坡的材料为( ),锥坡厚度( )cm。
4. 钢筋混凝土洞身顶部、底部的厚度为( )cm,前后侧壁的厚度为( )cm。

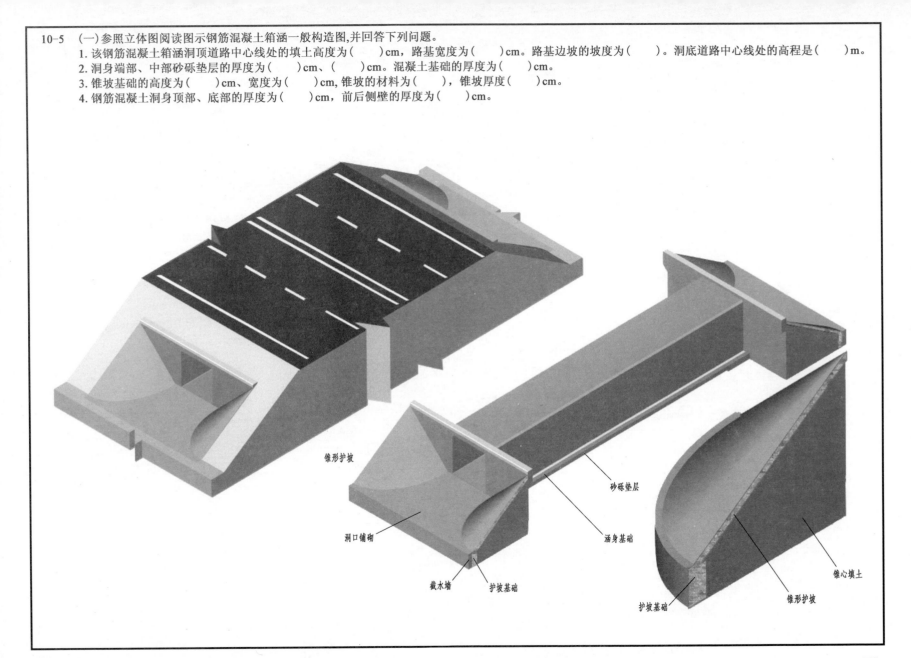

76

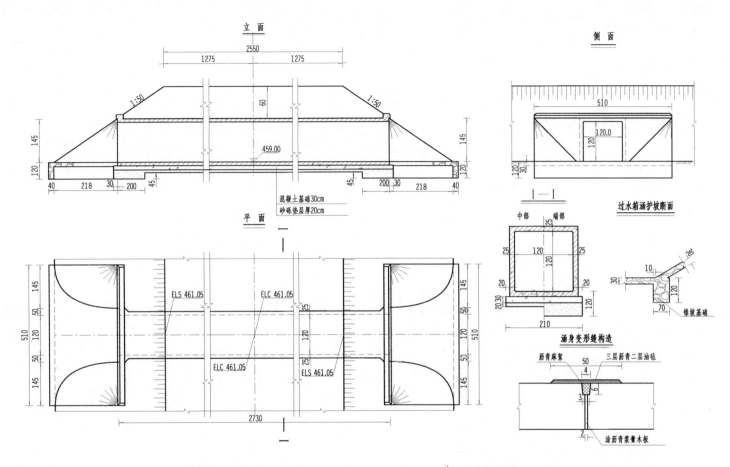

10-6 (一)参照立体图阅读图示钢筋混凝土箱涵涵身钢筋构造图。

1. 钢筋组合Ⅰ每隔（　　）cm布置一组。
2. 钢筋组合Ⅰ由哪几种钢筋组成，各多少根？组合Ⅱ由哪几种钢筋组成？各多少根？
3. 9号钢筋垂直穿过钢筋组合均匀分布成里外两层，其横向间距为（　　）cm，与横断面钢筋组合共同组成立体的钢筋骨架。
4. 在钢筋组合Ⅰ上还分布着7号、8号钢筋，7号钢筋分布情况可由立面图和平面图来分析，8号钢筋分布情况可由立面图和侧面图来分析。
   在钢筋组合Ⅱ上还分布着7号钢筋。半个涵洞由7号、8号钢筋各（　　）根、（　　）根。

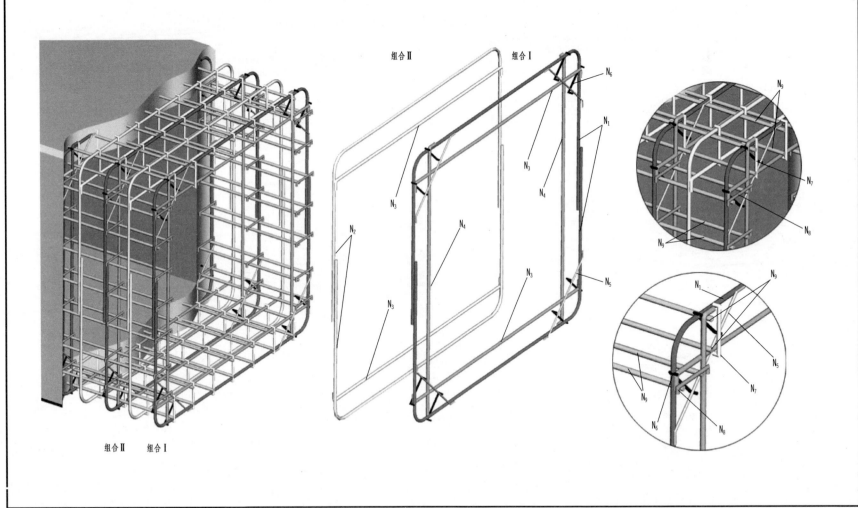

78

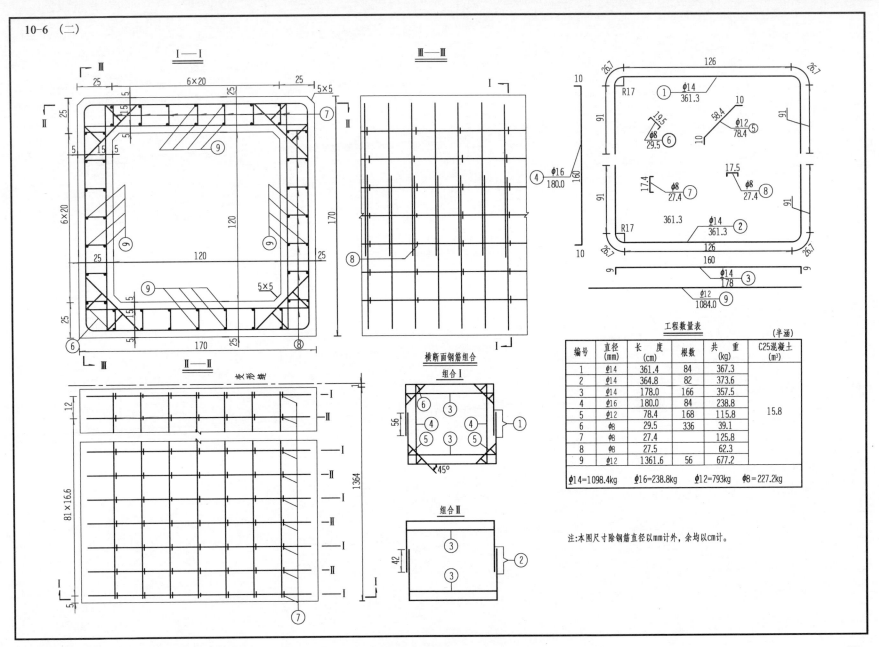

项目十一 识读隧道工程图

11-1 (一)参照立体图阅读图示隧道洞门投影图,并回答下列问题。

1. 立面图是垂直于道路中心线的剖面图,剖切平面在洞门前。侧面投影图为纵剖面图,剖切平面通过路线中心线,投影方向为从（　　）向（　　）。
2. 从平面图中可见洞内排水沟与洞外边沟的汇集情况及排水路径,由洞内、外排水沟处标注的箭头可以看出洞内、外排水系统是独立的,排水方向相反。洞内的水由隧道进口流向隧道出口;洞外的截水沟的作用是（　　　　　）。从平面图中可以看出洞顶排水沟的走向及排水坡度,排水沟的坡度分为四段,每段的坡度分别为（　　）、（　　）、（　　）、（　　）(从左向右)。
3. 明洞回填在底部是600cm高的浆砌片石回填,之上是夯实碎石土,请在立体图中标出明洞浆砌片石回填及夯实碎石土的位置。
4. 从水平投影图中可以看出行车道、左侧硬路肩、右侧硬路肩、土路肩、边沟、碎落台的宽度分别为（　　）cm、（　　）cm、（　　）cm、（　　）cm、（　　）cm、（　　）cm。
5. 由侧面图可见洞顶仰坡坡度为（　　）;边坡坡度为（　　）cm。
6. 该隧道洞门桩号为（　　）,明暗洞交界处的桩号为（　　）,洞门衬砌拱顶的厚度为（　　）cm。

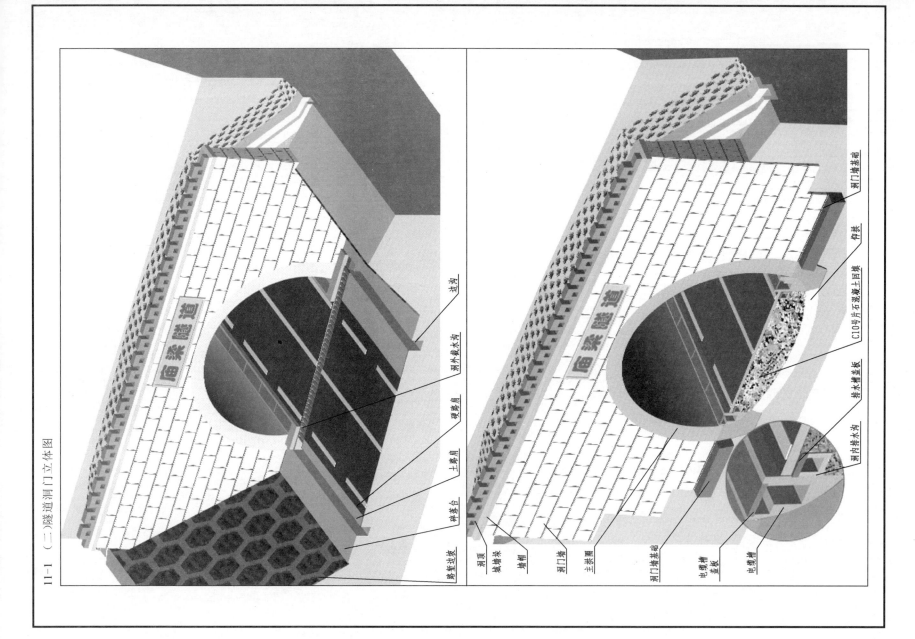

11-1 (二)隧道洞门立体图

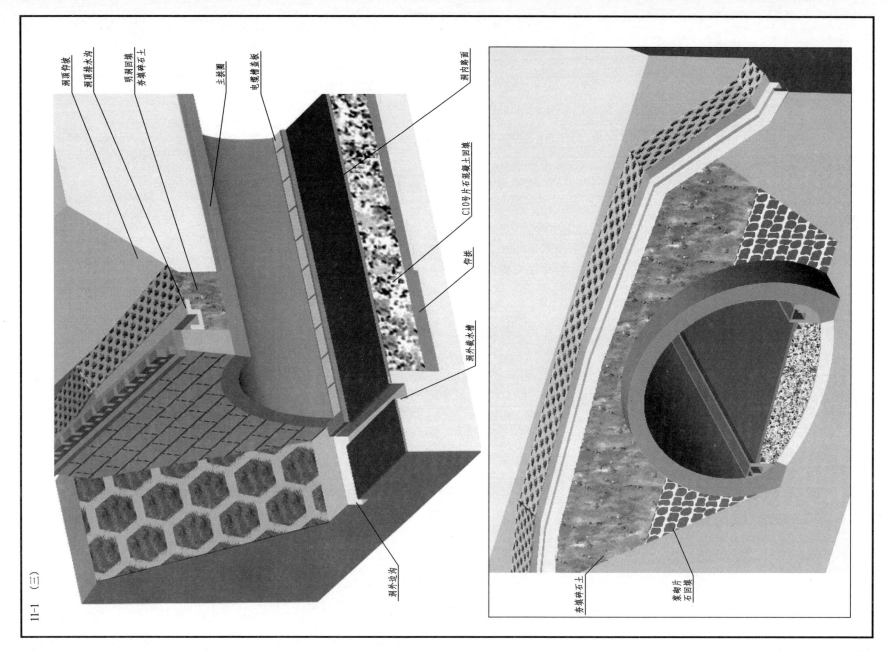

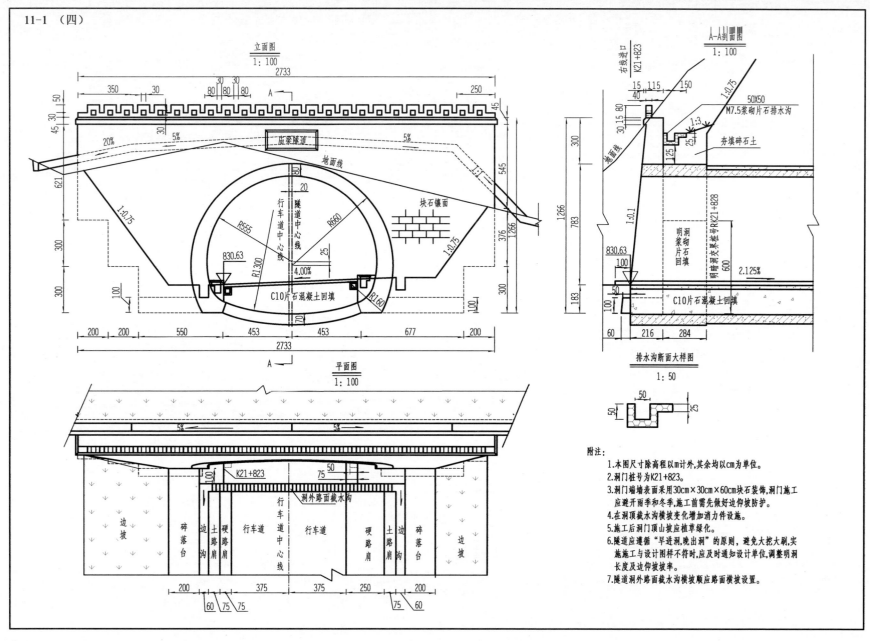

11-2 (一)阅读图示隧道衬砌断面设计图,回答提出的问题。

1. 该设计图适用于Ⅴ级围岩段,超前支护采用φ50超前小导管注浆支护,其两相邻超前小导管圆周方向的间距(环向间距)为(　　)cm。小导管长度为(　　)m。
2. 该围岩段在过石质层时采用(　　)锚杆,过土质层时采用(　　)锚杆。每环锚杆数量为(　　)根,锚杆长度为(　　)m,锚杆纵向间距为(　　)m。
3. 初期支护喷射混凝土厚度(　　)cm。钢筋网片的钢筋直径为(　　)mm。
4. 主拱圈二次衬砌现浇C25混凝土的厚度为(　　)cm。仰拱二次衬砌现浇C25混凝土的厚度为(　　)cm。
5. 洞内路面横坡为(　　)。

11-2（二）

- φ50超前小导管注浆支护，环向间距40cm，L-4.3m，a-10°
- φ25自钻式锚杆，L-3.5m，间距80cm×80cm（石质）
- φ22砂浆锚杆，L-3.5m，间距80cm×80cm（土质）
- Ⅰ16钢拱架支撑，纵向间距80cm
- 喷C25混凝土25cm，φ8钢筋网，20cm×20cm
- φ50环向排水管，EVA复合土工布
- 二次衬砌现浇C25钢筋混凝土45cm

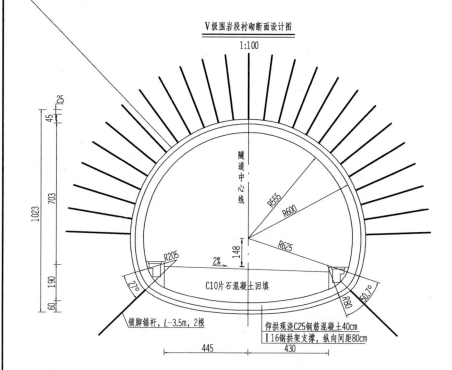

V级围岩段衬砌断面设计图
1:100

每延米工程数量表

序号	项目	规格	单位	数量	备注
1	土石开挖		m³	103.79	
2	钢导管	φ50	kg	219.6	壁厚4mm
3	注浆	水泥水玻璃浆	m³	3.53	
4	自钻式锚杆	φ25	m	126.88	石质中采用每环29根
	砂浆锚杆	φ22	kg	378.10	土质中采用每环29根
5	φ8钢筋网片	20cm×20cm	kg	93.33	
6	喷混凝土	C25	m³	6.23	
7	型钢钢架	Ⅰ16	kg	637.35	
8	钢板	260mm×220mm×20mm	kg	67.35	
9	高强螺栓、螺母	AM20	kg	5.70	
10	纵向连接钢筋	Ⅱ级	kg	89.44	
11	拱圈二次衬砌	C25	m³	10.45	
12	拱圈二衬钢筋	Ⅱ级	kg	698.22	
13	拱圈二衬钢筋	Ⅰ级	kg	100.21	
14	仰拱现浇混凝土	C25	m³	6.57	
15	纵向连接筋	Ⅱ级	kg	40.22	
16	仰拱钢筋	Ⅱ级	kg	364.45	
17	仰拱钢筋	Ⅰ级	kg	43.19	
18	仰拱回填	C10	m³	10.44	
19	喷涂		m²	20.19	

附注：
1. 本图尺寸除钢筋直径、锚杆直径、钢板以mm计外，其余均以cm计。
2. 本图适用于V级围岩段。
3. 施工中若围岩划分与实际不符时，应根据围岩监控量测结果，及时调整开挖方式和修正支护参数。
4. 施工中应严格遵守短进尺、弱爆破、强支撑、早成环的原则。
5. 隧道施工预留变形量10cm。
6. 初期支护的锚杆应尽可能地钢拱架焊接。
7. 隧道过石质层时采用φ25自钻式锚杆，土质层时采用φ22砂浆锚杆。

85

11-3 （一）参照立体图阅读图示V级围岩浅埋段钢拱架支撑构造图,并回答下列问题。

1. 两榀钢拱架之间的纵向间距为（　　）cm，并在两榀钢拱架之间焊接有纵向连接钢筋2，纵向连接钢筋2的环向距离为100cm，一榀钢拱架有纵向连接钢筋2约（　　）根。
2. 钢拱架采用的工字钢的型号为（　　），工字钢高度为（　　）cm。
3. 接点A处经螺栓拼接，每个接点处有（　　）个螺栓连接，每一榀钢拱架上共（　　）个螺栓连接，连接钢板的尺寸为（　　）mm×（　　）mm×（　　）mm。

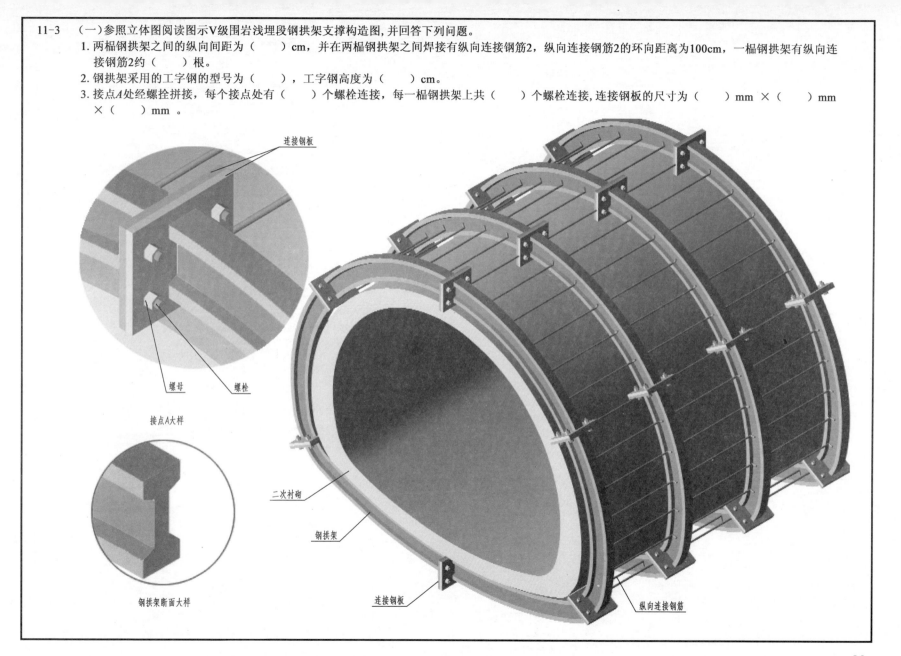

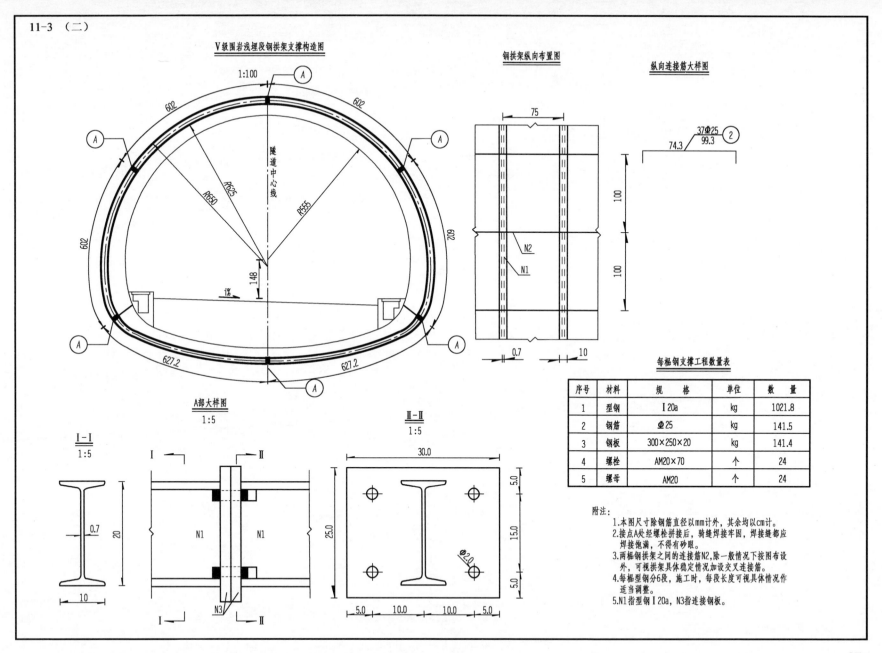

*11-4 （一）参照立体图阅读图示隧道Ⅲ级围岩段二次衬砌钢筋设计图,并回答下列问题。

1. Ⅲ级围岩段采用了钢筋混凝土二次衬砌,该围岩段没有设置仰拱,只有主拱圈,主拱圈的二次衬砌的内圈半径为（　　）cm,外圈半径为（　　）cm,二次衬砌的厚度为（　　）cm。

2. 主筋的纵向（隧道轴向）间距为（　　）cm,每延米有（　　）圈主筋。

3. 箍筋的环向间距为（　　）cm,拱圈部分箍筋有（　　）个间距,一圈有（　　）根,每延米有箍筋有（　　）圈,每延米共有箍筋（　　）根。

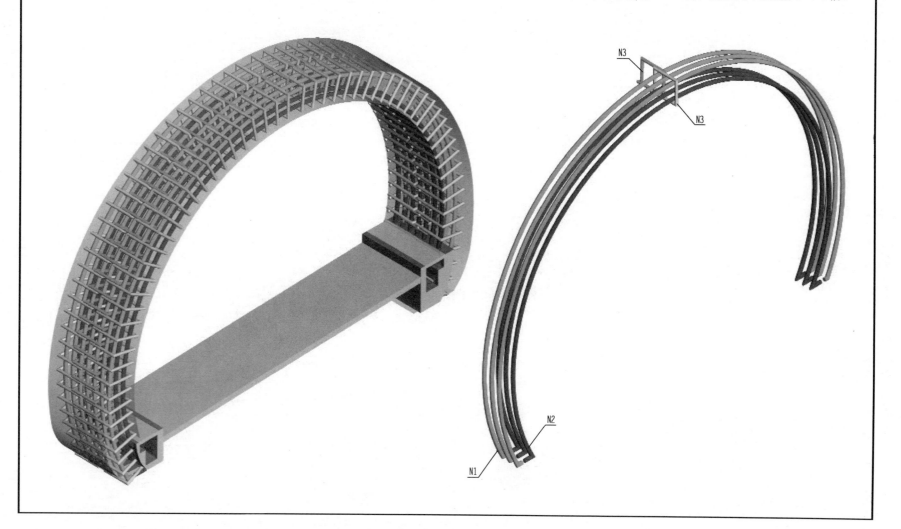

11-4（二）

Ⅲ级围岩段二次衬砌钢筋设计图
1:100

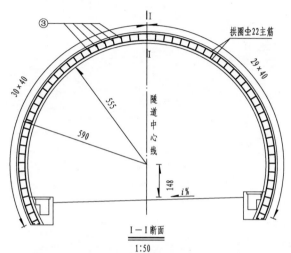

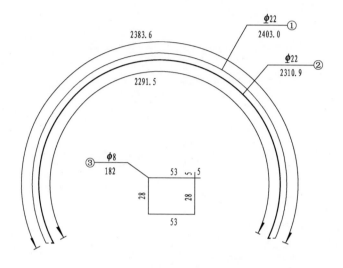

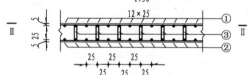

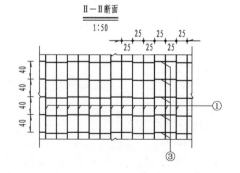

每延米衬砌钢筋数量表

序号	规格	每根长(cm)	每延米根数(根)	每延米总长(m)	重量(kg)	总重(kg)
1	φ22	2403.0	4	96.1	286.4	561.9
2	φ22	2310.9	4	92.4	275.5	
3	φ8	172.0	120	206.4	81.6	86.3

附注：
1. 本图尺寸除钢筋直径以mm计外，余均以cm计。
2. 图中环向箍筋间距为40cm，主筋混凝土保护层为5cm。

89

参 考 文 献

[1] 郑国权.道路工程制图习题集[M].北京:人民交通出版社,2001.
[2] 中华人民共和国国家标准.道路工程制图标准 GB 50162—92[S].北京:中国计划出版社,1993.
[3] 中华人民共和国国家标准.地形图图式 GB/T 20257.1—2007[S].北京:中国标准出版社,2008.
[4] 中华人民共和国国家标准.混凝土结构设计规范 GB 50010—2010[S].北京:中国建筑工业出版社,2011.